btb

Aus Freude am Lesen

btb

Buch

Marrakesch, Tanger, Rabat – vier Wochen hat der Schriftsteller Steffen Kopetzky im Herbst 2004 in Marokko verbracht und darüber Tagebuch geführt. Als Stadtschreiber des Goethe-Instituts erzählt er von Orten, die bereits Elias Canetti oder Paul Bowles literarisch kartographiert haben und die seither Generationen von Reisenden die Erfüllung ihrer Wünsche und Sehnsüchte verheißen. Doch das »Land der Berber« hat sich verändert. Kopetzky erlebt Marokko in seiner Zerrissenheit zwischen Okzident und Orient, erfährt von der Perspektivlosigkeit der Jugend, in einem Land, das seine Elite immer noch in Frankreich ausbilden läßt und seine Kritiker ins Exil treibt. Er lernt aber auch einen friedlichen und täglich gelebten Islam kennen und verstehen und begegnet Marokkanern, die den Deutschen durch ihre Offenheit und ihren Optimismus beeindrucken.

Mit großer Beobachtungsgabe und Leichtigkeit, voller Zuneigung und Neugier notiert Steffen Kopetzky seine Erfahrungen in Marokko, das Europa so nah ist wie kein anderes afrikanisches Land und das sich langsam gegenüber dem Westen öffnet und sich seiner Vergangenheit stellt, seine Begegnungen mit den Menschen dort und seine Auseinandersetzung mit der fernen Heimat Deutschland. Mit seinem Marokko-Tagebuch legt Steffen Kopetzky ein im besten Sinne zeitloses Stück Reiseliteratur vor, das ebenso von der Verführung des Fortgehens erzählt wie von der Wohltat des Ankommens.

Autor

Steffen Kopetzky wurde 1971 in Pfaffenhofen an der Ilm geboren, studierte Philosophie und Romanistik in München, Berlin, Paris. Er gilt als einer der interessantesten, sprachgewaltigsten und vielseitigsten Autoren der jüngeren Generation und wurde vielfach ausgezeichnet. Bei btb erschien vor kurzem im Hardcover der Erzählband »Lost/Found« (75139).

Steffen Kopetzky bei btb-Tb

Grand Tour. Roman. (73108)
Einbruch und Wahn (73156)
Uneigentliche Reise (73157)

Steffen Kopetzky

Marokko

Tagebuch einer Reise

btb

Teile des Reiseberichts sind fiktiver Natur.

FSC
Mixed Sources
Product group from well-managed forests and other controlled sources

Cert no. GFA-COC-1223
www.fsc.org
© 1996 Forest Stewardship Council

Verlagsgruppe Random House FSC-DEU-0100
Das FSC-zertifizierte Papier *Munken Print* für Taschenbücher aus dem btb Verlag liefert Arctic Paper Munkedals AB, Schweden.

1. Auflage
Originalausgabe April 2006

Umschlaggestaltung: Design Team München
Satz: IBV Satz- und Datentechnik GmbH, Berlin
Druck und Bindung: Clausen & Bosse, Leck
RK · Herstellung: AW
Made in Germany
ISBN-10: 3-442-73415-0
ISBN-13: 978-3-442-73415-3

www.btb-verlag.de

»An enterprise is measured by
intention, not by appearance.«

IDRIES SHAH
Learning how to learn

Von Hamburg nach Rabat

Mittwoch, 8./9. September, Hamburg

Bevorstehende Reisen habe ich immer schon dazu benutzt, um Ordnung in das Leben zu bringen, das ich zu Hause zurücklasse. Dinge, die unbedingt noch erledigt werden müssen, bevor man guten Gewissens aufbrechen kann – der schon lange aufgeschobene Besuch beim Zahnarzt, vor dem ich mich gefürchtet habe wie ein kleiner Junge, denn da war ein seit Monaten immer wieder schockartiges Aufblitzen verschiedener ziehender Schmerzen rechts oben. Wie sich heute zu meiner Verblüffung herausstellte, ist aber nicht das Geringste zu finden – das, was ich immer qualvoll und irgendwie eindeutig *gefühlt* hatte, war offensichtlich ausschließlich von meiner Furcht vor dem Zahnarzt verursacht gewesen. Am liebsten hätte ich meinen Doktor geküßt oder zumindest seine Sprechstundenhilfe. Des weiteren ließ ich mir von einem Winterhuder Allgemeinarzt namens Dr. Kolgh einen ganzen Cocktail von Impfungen verpassen, unter anderem Hepatitis A und B, Typhus und Cholera. Viel zu spät eigentlich.

Vom gleichen Schlag waren die Steuererklärungen der beiden letzten Jahre, die abzugeben ich dringend und unaufschiebbar vom Finanzamt Neukölln ermahnt worden war – neben dem Errechnen und Ausweisen der Mehrwertsteuer (der ich beigetreten bin wie einem absurden Verein aus einem harmlosen Alptraum, dessen Vereinszweck man nicht versteht) war der traditionelle Tiefpunkt wie üblich die Bearbeitung des sogenannten »Bewirtungsaufwandes«. Es gibt wenig, was mich so deprimiert und auszehrt wie solch ein Berg uralter Restaurantrechnungen, auf deren Rückseiten man genau angeben muß, mit wem und aus welchen Gründen man vor zwei Jahren beim Essen war.

Manchmal erlaube ich mir den Spaß, zwischen die Personen, die tatsächlich dabei waren, berühmte Tote einzuschmuggeln, so daß ich dann mit Joachim Scholl (Kritiker) und Jorge Luis Borges (Bibliothekar) in der Pizzeria Palmyra in Berlin-Neukölln essen war, um ein neues »Buchprojekt« zu besprechen.

Trotz solcher Späße diesseits der Legalität führt das kleinteilige Fieseln an den verstaubten Quittungen zu einer Art geistiger Dehydration. Ich habe dann immer das Gefühl, mein Hirn sei ein Schwamm und ich würde es bis auf den letzten Tropfen auswringen. Diesmal allerdings hätte ich viel darum gegeben, meinetwegen auch noch den Bewirtungsaufwand der nächsten Jahre im voraus zu bearbeiten, wenn ich nur zu Hause hätte bleiben dürfen.[1]

1 Das einzige, was mich heiter stimmt, ist, daß ich den zuletzt grassierenden Computerproblemen auf Zeit enthoben sein werde: Mein altes Sonynotebook war vollkommen verseucht, ich konnte nicht mehr ins Netz und auch kein Back-up meiner Arbeit mehr erstellen, weil mein ZIP-Laufwerk vor ein paar Wochen heruntergefallen war und das Gerät keinen Brenner hat. Ein gütiger Fachmann half mir aus der Patsche, sicherte die Daten und machte mein Notebook soweit reisefertig. Allerdings habe er einen Blick auf das System geworfen und auf den ersten Blick über 500 Viren, Würmer, Trojaner und Dialer entdeckt, einige davon entfernt, aber die schlimmsten seien zu kompliziert gewesen. Mein Rechner gleiche einer Zeitbombe. Ich versprach, nach der Reise zurückzukommen und ihn generalüberholen zu lassen.

Alles in mir sträubt sich gegen die Vorstellung, meine Tage nicht mehr an meinem Schreibpult am Nordfenster unserer Dachgeschoßwohnung verbringen zu dürfen – mit Blick auf den weit ausladenden Prospekt sich hinziehender Rotklinkerbauten, die auf einem der größten Trümmerfelder des Zweiten Weltkriegs stehen, als die man die Gegend um den Landwehr bezeichnen muß. So wie es aussieht, sind nur das Gebäude der Schlosserei in unserem Hinterhof und ein eine Straße weiter östlich stehendes Gründerzeitwohnhaus stehengeblieben – alles andere im weiten Umkreis von ein paar Kilometern ist zerstört worden.

Wenn ich Anfang Oktober zurückkomme, werden die Wespen, die sich unter dem Dach nahe des Atelierfensters niedergelassen haben und mich den ganzen Sommer während des Schreibens nachmittagsweise und zahlreich umschwirrten, wohl tot sein. Sie bewegen sich jetzt schon erschöpft und langsam, verbiegen ihre pumpenden Leiber, probieren zwischendurch ihre müden Flügel aus und putzen sich mit letzter Kraft.

Wie konnte ich nur so dumm sein, mich auf dieses Marokko-Projekt einzulassen? Als die Anfrage des Goethe-Instituts kam, an einem großangelegten Autorenaustauschprogramm anläßlich des Buchmessenschwerpunkts »Arabische Welt« teilzunehmen, wußten wir nicht, daß wir ein Kind bekommen würden, es war Februar, saukalt und naßfeucht in Berlin, wo wir damals noch wohnten. »4 Wochen Marokko« klangen einfach nur phantastisch. Also sagte ich, ohne lange zu überlegen, zu.

Dann wurde Dorle schwanger, mittlerweile leben wir in Hamburg, und ihr Bauch mit unserem Söhnchen darin ist nicht nur physisch gewachsen, sondern schon so ein wichtiger Teil unseres Lebens geworden, daß mir bei der Vorstellung von dem in wenigen Stunden abgehenden Flieger ganz schwach zumute wird. In den letzten Tagen spielte ich immer wieder kurz mit der verlockenden Idee, das Ganze abzusagen – allerdings habe ich nur ganz selten jemals irgend etwas, das ausgemacht war, abgesagt oder geschmissen, und wenn, dann war es jedesmal schlecht, schlecht, schlecht.

Aber das Wetter in Hamburg ist so schön, wie überhaupt noch nie, seit wir dort wohnen. Spinnweben reisen durch die Lüfte, das Licht des norddeutschen Sommers hat alles verzaubert. Ich könnte heulen, und ich weiß nicht, was schlimmer ist, die Tatsche, daß ich jetzt anfangen muß zu packen, oder meine Undankbarkeit – könnte doch ein anderer reisen, am besten der junge, auf Reisen nimmermüde Mann, der ich einmal war und den ich nirgendwo mehr entdecken kann.

Bevor Dorle in ihre Redaktion ging, hat sie mir beim Frühstück ein Buch mit Erzählungen von Paul Bowles geschenkt, mit lieber Widmung. Ansonsten habe ich Juan de la Cruz dabei (»Die dunkle Nacht«), Martin Lings Standardwerk über den Sufismus, die Koansammlung des Mumonkan[2] als pdf-Datei auf dem Notebook und schließlich eine Sammlung von Texten Graf Dürckheims zur Praxis des Zen – alles Bücher und Texte, die ich schon ein paar Mal gelesen habe. Stolz bin ich auf meine nagelneue Ausgabe des Qur'an. Englisch-Arabisch, in der angeblich besten derzeitigen Edition (zumindest meinte das der Buchhändler in London) von Abdullah Yusuf Ali, erschienen bei Tahrike Tarsile in New York. Ein massives, in grünes Leder gebundenes Buch, das so in meinem Rucksack unterkommt, daß es hinten flach an

2 Es ist dies eine Sammlung von 49 Koans aus dem 13. Jahrhundert. Drei davon finden sich im Anhang. Koans sind paradox aufgebaute Lehrparabeln, die sich um Anekdoten aus dem gesamten Geistesprozeß des Buddhismus drehen. Für den Schüler gilt es, die Koans zu lösen – die Lösung *löst* beim Schüler einen Zustand schlagartig eintretender Erkenntnis aus, deren Folge ein Zustand höherer Aufmerksamkeit ist, ein Verstehen, das sich körperlich manifestiert, getragen von tiefem, ruhigem Atem – die Versenkung.

meinem Rücken anliegt – für den Fall, daß von hinten auf mich geschossen wird. Ah!

Wenn diese Reise glücken soll, dann darf ich mich nicht davon abhalten lassen zu schreiben, so diszipliniert, als wäre ich weiterhin zu Hause; und genauso muß ich meine kontemplativen Übungen – das strenge Sitzen – fortführen, jeden Tag, ob es ein guter oder ein schlechter ist, ein heißer oder ein kalter. Zwar spreche ich selbst vom »strengen Sitzen«, aber es ist eine Strenge, die auf Vermutungen beruht, ich habe keinen Lehrer oder Meister, sondern versuche mich – so wie mit allem, dem ich mich je intensiv hingegeben habe – als Autodidakt. Es geht, einfach gesprochen, darum, eine Decke auf dem Boden auszubreiten und sich dann aufrecht für etwa zwanzig Minuten niederzulassen. Wie allen Anfängern macht mir die dazu notwendige Überkreuzung der Beine die größten Schwierigkeiten, wobei ich einen gewissen Vorteil in meiner mittlerweile zweijährigen Praxis des Seilspringens[3] entdeckt habe. Meine Beine sind trainiert und stark, und so kann ich mit den zum Teil fürchterlichen Schmerzen einigermaßen umgehen. Ich lege den linken Fuß auf den rechten Schenkel, den rechten auf den linken Schenkel und versuche mich dann so hinzusetzen, daß meine Knie den Boden berühren. Wenn man das ungefähr zwanzig Mi-

3 Es dürfte keine Übungs- und Trainingsmethode geben, die so viele Aspekte klassischer Techniken und Schulen in sich vereinigt wie das Seilspringen: Gleich dem Yoga trainiert und fördert es zunächst einmal den Atem auf ganz unerhörte Weise, es ist ein vorzügliches Training für Herz und Kreislauf, stärkt gezielt die Muskulatur und schützt die Gelenke vor Verletzungen; durch die aus den Handgelenken heraus kreisende Arbeit mit dem Oberkörper werden die Koordination und die Kommunikation der Gehirnhälften stimuliert. Es ist darin gewissen Kampftechniken verwandt, die man als die Künste des Handgelenks kennt. All dies zusammengenommen, ist Seilspringen eine einzigartige Methode höherer Gymnastik, eine Schule des Atmens und so gesehen auch eine exzellente Vorbereitung für die Übung des Zen, die Kunst des Atems.

nuten lang macht, passiert es oft, daß einem die Füße einschlafen und man beim Aufstehen gleich wieder umfällt.

Das Sitzen selbst verlangt, das Rückgrat aufrecht und gerade zu halten, die Schultern zurückzunehmen und sie möglichst ganz fallen zu lassen. Immer wenn der Mensch Furcht empfindet, wenn er sich erschreckt oder sich unsicher fühlt, hebt er seine Schultern mehr oder weniger an – je stärker seine Emotion, desto stärker auch diese Geste. Durch den festen Lotussitz auf die Erde gebannt, lernt man nun, allen Unbilden und Nöten des Geistes, allen Vorstellungen und Bildern, die im Inneren herumvagabundieren und einen beunruhigen, zu folgen, ohne daß man dem Körper erlauben würde, auf die ihm gewohnte Weise auf die Gedanken und Emotionen zu reagieren. Dadurch erlebt man – nicht selten zum ersten Mal –, wie sehr man im normalen Leben seinen Gefühlen freien Lauf läßt. Durch die Meditation bekommt man eine Ahnung von den Abhängigkeiten und Gewohnheiten des eigenen Seelenlebens. Deswegen ist die strenge Regelmäßigkeit der Übung wichtig – man macht zwar immer dasselbe: sitzen, ohne sich zu bewegen, doch jeden Tag ist es anders, weil der Geist so unruhig und unstet ist. Das verbindet das Sitzen auch wieder mit dem Schreiben, wo es ebenfalls um Regelmäßigkeit und gelassene Wiederholung geht.

Ich übe erst seit Mitte April, das sind noch keine sechs Monate und also eine sehr kurze Zeit, und dennoch weiß ich schon eines mit klarer Gewißheit: daß alles, was mich von glücklich voranschreitender Arbeit und Übung abhält, Windungen und Verwicklungen meines Egos sind.

Es bist immer du selber, der stört. Deine Sorgen und Ängste drängen dich zu zahlreichen Übertragungen, die den klaren Blick und die Aufmerksamkeit trüben. Wer an die Illusion glaubt, der eine Ort wäre besser als der andere, wird nirgendwo zu Hause sein.

Donnerstag, 9. September 2004, Rabat

Ankunft gegen Mitternacht Ortszeit (=2 Stunden früher als in Deutschland) auf dem Flughafen in Casablanca. Ein alter, dunkelhäutiger Mann mit wachen Augen holt mich ab und bringt mich in seinem zwanzig Jahre alten Mercedes unter, dessen Innenraum nach dem guten alten Öl riecht, mit dem meine Großeltern früher ihre Zweizimmerwohnung am Radelberg in Pfaffenhofen beheizten. Der alte Mann – ebenso dürr wie mein geliebter Opa in seinen letzten Jahrzehnten – fährt, was das Zeug hält, während ich immer wieder einnicke. Soweit ich sehe, gibt es kaum Personenverkehr, dafür auffällig viele Lastwagen. Die Luft, die es aus dem heruntergekurbelten Fenster hereinbläst, ist warm und schwer von Feuchtigkeit.

Die Ankunft in Rabat gegen 2 Uhr morgens. Es riecht irgendwie nach Chlor, und es ist sehr dämpfig. Die Straßen sind menschenleer. Der erste Eindruck – ein leicht müffelndes Hallenbad. Die Gegend um das Hotel herum sieht nicht anders aus als in anderen südlichen Großstädten, viel Beton, dunkle, nach Urin stinkende Ecken – so weit alles in Ordnung.

Zum ersten Mal seit langer Zeit wieder ein Traum. Zu Hause in Hamburg schlief ich in den letzten Monaten jeden Abend wie ein Toter. Im Traum ging es um irgendwelche Schlüssel, die ich auf dem Flug verloren habe, weshalb meine ferne Frau nicht in unsere Wohnung in Hamburg kommt und auf der Straße übernachten muß. Mit schlechtem Gewissen und Heimweh erwacht.

Im plüschig eingerichteten Hotel beim französischen, also vor allem aus Croissants und anderen süßen Teilen bestehenden Frühstück: drei Schwarzafrikaner, offensichtlich ein Paar mit einem Schwiegervater, der jüngere Mann trägt einen eleganten grauen Nadelstreifenanzug mit einem wie ein kurzärmeliges Hemd geschnittenen Sakko. Der alte Mann trägt einen weiten Umhang, ebenfalls aus grauem Stoff. Alle drei lachen und scherzen miteinander, als wären sie ganz unter sich, jene gute Laune verbreitend, die wohlhabende Schwarzafrikaner oft auszeichnet.

Zwei ältere, kleingewachsene, ziemlich in die Breite gegangene Europäer, der eine von beiden sieht aus wie eine gedrungene, mit der Andeutung eines Buckels versehene Version von Marcello Mastroianni, eine suchende, melancholische Offenheit im Blick, fraglos das Ausschauhalten des nicht mehr nur alternden, sondern des alten Schwulen. Tagsüber lungert er im Foyer herum, mit einem winzigen silbernen Mobiltelefon in der Hand, und wirkt so, als ob er auf eine wichtige Nachricht warten würde.

Ein erster Spaziergang führt durch die weitläufigen Anlagen des königlichen Palastes und der Ministerien, die keine zweihundert Meter hinter dem Hotel beginnen, alles recht menschenleer. An jeder Kreuzung und jedem Eck stehen Polizisten mit Funkgeräten und beobachten die Landschaft.

Vor dem Antrittsbesuch im Goethe-Institut mache ich mich auf die Suche nach einem Park oder einer Grünfläche in der Nähe des Hotels, auf der ich sowohl seilspringen als auch sitzen kann. Ich laufe die zentrale Allee der Palastanlage hinunter, finde dann einen terrassierten Garten, wo ein paar Leute im Schatten von Bäumen auf Bänken sitzen. Dort lasse ich mich nieder.

Als ich kurz nach sieben zurückgehe, höre ich den ersten Muezzin meines Lebens. Die stille Intensität des Rufers ist erstaunlich schön, und intensiver noch ist die Vorstellung, daß zeitgleich mit ihm überall auf der Welt die Gläubigen zum Gebet eilen – oder ist dies nur eine romantische Vorstellung, bei der ich die diffundierende Wirkung der Zeitverschiebung außer acht gelassen habe?

Danach gehe ich auf die Eröffnung einer Fotoausstellung im Goethe-Institut, das schräg gegenüber vom Hotel in einer Seitenstraße liegt. Die gesamte Mannschaft ist da, dazu ein Haufen Besucher, schwer zu sagen, wer wer ist, gemischt eben, Deutsche, andere Europäer und etliche Marokkaner. Zur Begrüßung spricht Direktor Strauss die Eröffnungssätze auf Arabisch. Beschließe aus Neid, sofort Arabischstunden zu nehmen.

Freitag, 10. September

Morgens höre ich, wie eine Blaskapelle probt: immer wieder Fanfaren und kurze, dem militärischen Vokabular des Signaltrompeters entstammende Phrasen. Tuben, die einen italienisch klingenden Marsch blasen. Flöten, die Tonleitern hinauf- und hinunterklettern, sich immer wieder mit den anderen vereinigen, um Teile einer seltsamen, zwischen alpenländischer Blasmusik und Opernouvertüre changierenden Musik zu spielen – offensichtlich probt das Musikkorps der königlichen Garde, denn vom Balkon meines Zimmers aus kann man in einiger Entfernung den königlichen Palast und davor das weitläufige Gelände der Kaserne erkennen. Durch die Entfernung klingt das Ganze merkwürdig zerpflückt, über das Stadium der Tonprobe scheint es nicht hinauszukommen, ein wirres Durcheinander, das sich unter die Verkehrsgeräusche streut.

Dann gehe ich ins Institut, um die erste Arabischstunde meines Lebens zu genießen, die mir von Fatima Laouima erteilt wird, der Pressesprecherin des Instituts. Wir wollen eine Art Konversations-Schnellkurs durchführen.

* * *

Ismahou li an oukaddima nafsi.	Erlauben Sie mir, mich vorzustellen.
Ana kátib almáni.	Ich bin ein deutscher Dichter.
Ismi Steffen Kopetzky.	Mein Name ist Steffen Kopetzky.

Und dann noch der Klassiker, den ich in unzähligen Sprachen dieser Welt in der jeweiligen Version beherrsche, für den Fall, daß man tatsächlich ins Gespräch kommen sollte und nicht weiter weiß: La atakallamou al Arabia jayyídan. Mein Arabisch ist leider nicht so gut.

Das waren die ersten Sätze des Baukastens, die mir Fatima diktierte, ich schrieb sie auf die Vorder- und Rückseiten einiger Karteikarten, dann blätterten wir die Kärtchen durch, und ich sprach nach. Jeder, der schon einmal Arabisch gehört hat, weiß, daß diese Sprache zu nicht unwesentlichen Teilen aus abgehackten, kehligen Lauten besteht, die für einen europäischen Anfänger bewußt und nicht als Folge einer Atemwegserkrankung hervorzubringen recht schwierig ist. Ich war ehrlich froh, als es vorbei war.

* * *

Danach sind Dieter Strauss und ich mit dem Lyriker Jalal El Hakmoui, einem für die Außenbeziehungen zuständigen Funktionär des Marokkanischen Schriftstellerverbandes, zum Mittagessen im Bistro des Instituts verabredet, im »Le Weimar«. Wir essen alle drei Pizza.

Der Funktionär ist sich seiner Sache sicher und bringt die Misere der marokkanischen Kultur ziemlich schnell auf den Punkt: Die Marokkaner fühlen sich weder von den anderen arabischen Nationen ernst genommen noch von den Franzosen, der ehemaligen Kolonialmacht, oder gar Europa – Maghreb bedeutet »Land des Sonnenuntergangs«. Da endet die

Welt. Es ist der Okzident des Orients. Angeblich lesen nur 0,1 Prozent der Marokkaner regelmäßig Bücher, 60 bis 70 Prozent der Bevölkerung sind Analphabeten; da wundert es nicht, daß Bücher selten eine höhere Auflage als 1500 Exemplare erleben.

Unter den einfachen Leuten, so erzählt El Hakmoui, gibt es die Auffassung, daß Lesen schade. Wer liest – so die Warnung der Alten – verliert seine Arbeit. Bei einem Durchschnittslohn von 150 Euro im Monat können sich überdies die wenigsten Familien weiterführende Schulen für ihre Kinder leisten, deren Trimestergebühren um die tausend Euro betragen.

Die Arabisierung – nirgendwo so weit fortgeschritten wie im Polizeistaat Syrien – ist in Marokko auf halber Strecke stehengeblieben. Zwar kann man jetzt auch in Arabisch studieren, aber die Kernfächer Jura, Medizin, Betriebswirtschaft finden weiterhin auf Französisch und im französischen System statt.

Die Kinder der Eliten werden in Frankreich ausgebildet, studieren eine Weile an den Ecoles Normales und kehren dann zurück, um Karriere in der Politik und der Verwaltung zu machen. Das Festhalten am Französischen als Kernsprache sichert also auf einfachste Weise die bestehenden Verhältnisse. Dementsprechend aussichtslos scheint der Kampf der Schriftsteller für eine Demokratisierung der Bildung zu sein. Das Arabische selbst existiert ohnedies nur als klassische Schriftsprache. Jedes arabische Land spricht seinen eigenen Dialekt. Selbst Marokko kennt mehr als nur ein Volk, es gibt die Rif-Berber, die Gebirgler aus dem Atlas, die Araber des Nordens und die aus der Wüste.

Die sprichwörtliche Uneinigkeit der arabischen Völker, vereinigt nur unter dem Großislamischen Reich in der Nachfolge des Propheten, hat sich noch nicht gelegt, zeigt sich auch in den unzähligen Dialekten des Arabischen. Deren Grenzen sind manchmal so eng, daß Englisch und Französisch unentbehrlich sind, um sich präzise miteinander zu verständigen.

Dieses Dilemma einer unausgereiften kulturellen Basis des Panarabismus, zusammen mit der Verlängerung des Kolonialismus in den Oligarchien der arabischen Länder, läßt den Islam ganz zwangsläufig als einzige, allen Arabern gemeinsame Institution und Tradition ins Zentrum politischen Aufbegehrens rücken.

Es ist paradox, daß im Zentrum der arabischen Welt ein Buch steht, der Qu'ran, und sich auch gerade die des Lesens Unkundigen, die Entmündigten, auf diesen Text beziehen, um sich zu finden und zu wappnen.

* * *

Der gerissene Mystiker Idries Shah, der in den sechziger und siebziger Jahren neben der Weisheit der Sufis Lehrstühle an den Eliteuniversitäten Englands und den USA sammelte, führt an einer Stelle seines Werks aus, daß man, um den Erfolg oder Mißerfolg einer Handlung begreifen zu können, die Intention hinter ihr erkennen müsse.

Als Beispiel führt er zwei Männer an, die mit einer Schaufel graben, der eine, um Sand zu schaufeln, der andere, um Gold zu finden. Äußerlich ist das Graben des einen von dem des anderen nicht zu unterscheiden – tatsächlich aber ist der eine Gräber erfolgreich, und der andere scheitert kläglich.

Wie wahr dieser Gedanke ist, begreife ich heute. Zum Abendessen bin ich alleine unten im Hotelrestaurant und bestelle Lammkoteletts, die so fett sind, daß ich keine wirkliche Freude an ihnen finde. Um mich herum eine spanische Reisegruppe, alte Leute und alle sehr dick, die sich mit ausgesprochenem Appetit auf das dreigängige Menü stürzen.

Die Marokkaner sind meistens dünn. Sogar die wenigen Tiere, die man in der Stadt sieht, die Katzen, sind alle so erbärmlich dürr, wie man sie nicht einmal in Süditalien trifft.

Viele sind so schwach, daß sie gar nicht mehr richtig miauen können.

In eine Papierserviette wickele ich also die von zähem Fleisch und Fett triefenden Knochen ein und breche auf. Ich werde die Katzen füttern gehen. Bei der Gelegenheit würde ich auch gleich noch meine Abendübung im Sitzen vornehmen. Obwohl meist anders empfohlen, bevorzuge ich keinen dunklen, stillen Raum, sondern sitze gern in Parks und an der frischen Luft – am Tag nach meiner Ankunft habe ich einen Teil des königlichen Palastes aufgesucht, der allerdings nach 19 Uhr, wie mir von einem der Wache haltenden Polizisten streng erklärt wurde, verboten sei und dann nur noch von Bewohnern und Mitarbeitern betreten werden dürfe.

Also wandere ich mit Decke und Knochen an der Mauer entlang, neben einer dichtbefahrenen großen Straße, sehe allerdings bald ein, daß das fruchtlos ist, mache kehrt, komme wieder an den Haupteingang des Palastes und beschließe, mich dort, unweit des Eingangs, in den Schatten der Mauer zu setzen, so daß die Polizisten, die den Eingang bewachen, mich nicht werden sehen können. Vor der Mauer ein Grünstreifen, fettes Gras, alle zehn Meter eine Palme, der eine oder andere Müllhaufen, dazu ein gepflasterter Weg, vielleicht hundert Meter lang, wo die Mauer dann im rechten Winkel an eines der großen Stadttore stößt.

Ungefähr auf dem ersten Drittel entdecke ich noch einen anderen, vielleicht vierzig Jahre alten Mann ganz versunken sitzen. Ja, er scheint förmlich weggetreten. Das freut mich, er ist offensichtlich ein Einheimischer, und das zeigt mir eindeutig, daß es erlaubt ist, meditativ im Schatten der Palastmauer zu sitzen. Ich gehe noch ein wenig weiter, breite zuerst die Papierserviette mit den für die Katzen bestimmten Lammknochen auf dem Bordstein der anderen Seite aus, falte dann meine Decke auf dem Gras auseinander und lasse mich nieder.

Nach einer Weile steht der schnurrbärtige Mann, den ich zuvor sitzend im Schatten der Mauer gesehen habe, vor mir. Ich hörte ihn nicht kommen, plötzlich steht er da. Er scheint sich darüber zu freuen, mich anzutreffen, denn er spricht einige Worte zu mir, von denen ich nur »Salam aleikum« verstehe – sein Tonfall aber ist so, als seien wir alte Bekannte. Dann streckt er mir auf eine winkende Weise die Hand hin, wie um mir aufzuhelfen.

Ich will ihn nicht kränken. Ihm die Hand geben und dann von ihm hochgezogen werden, will ich aber auch nicht. So schweige ich zunächst, bringe dann aber ein schüchternes »Salam« heraus. In meinem Inneren suche ich nach den Arabischsätzen, die ich am Vormittag gelernt habe, finde aber nichts außer der Erinnerung an die Kehllaute und das Kratzen und meine Hilflosigkeit, sie irgendwie in die gelernte Reihenfolge zu bringen. Vielleicht sieht er meinen Augen an, daß ich noch etwas äußern will, sein Kinn nickt kurz und fast aufmunternd.

Ich bleibe unbewegt. Er grummelt, entfernt sich dann aber wieder an der Mauer entlang. Eine gewisse Erleichterung stellt sich bei mir ein. Nach einer Weile macht er kehrt, und sein Blick fällt auf die im Schein der Laternen aufleuchtende Papierserviette mit den Lammknochen, die mir gegenüber auf der anderen Seite des Weges liegt. Er blickt auf die Serviette, er blickt auf mich, er runzelt die Stirn und geht dann nahe an die Serviette heran. Er beugt seinen Oberkörper hinab, ohne die Hände aus den Taschen zu nehmen, was wirklich komisch aussieht. Jetzt erst, im Schein der Laterne, nehme ich wahr, daß er eine grüne Uniform mit Schulterklappen trägt. Ein Soldat. Das ist irgendwie weniger komisch.

Der gebückt verharrende Soldat riecht an den Knochen und murmelt vor sich hin, allerdings hat sich sein Tonfall eindeutig verändert – er ist empört, mehr noch, er scheint endlich zu begreifen: Mein unbewegtes Sitzen, das abwartende Fleisch an den Knochen auf dem Papiertaschentuch, da gibt es einen Zusammenhang, der offensichtlich irgendwie pervers geartet ist.

Erneut kommt er auf mich zu, redet jetzt unentwegt auf mich ein und baut sich vor mir auf. Kleinlaut sage ich auf französisch, daß ich kein Arabisch verstehe. Er spricht weiter. Ich wiederhole, daß ich nicht verstehe. Meine offensichtliche Verstocktheit ärgert ihn. Schließlich bekommt sein Blick etwas blutrünstig Entschlossenes, die Weise, wie er seine Sätze hinausbellt, etwas Ultimatives. Allerdings sieht er gleichwohl, daß ich ihn tatsächlich nicht verstehe, was ihn – als Soldat vielleicht daran gewöhnt, immer und unter allen Umständen verstanden zu werden – zu frustrieren scheint. Nach zwanzig Sekunden, in denen er mich durchdringend anstarrt, empfinde ich das Bedürfnis, mich aus dem Staub zu machen, dann doch recht deutlich.

Ich stehe also auf und falte in aller Ruhe meine Decke zusammen. Wenn der Soldat mir würde gefährlich werden wollen, so würde er sich zweifellos vom langsamen Zusammenfalten der Decke nicht abhalten lassen. Doch was auch immer mir droht, es ist besser, daß es mit gefalteter Decke über mich kommt. Also lege ich in aller Ruhe totale Sorgfalt in das Falten, so als wäre ich zu Hause und hätte gerade im Bürgerpark Eilbek gesessen.

Der Soldat tut gar nichts, außer deprimiert zu schauen. Ich überquere den Grünstreifen zur Straße hinunter. Der Soldat geht weiter an der Palastmauer auf und ab. Ich bin von Herzen froh, als ich endlich die rettende andere Seite der Straße erreiche.

Samstag, 11. September

Am Morgen ist es so dunstig, daß man das nahegelegene Minarett kaum sehen kann, dann klart es auf, wird sonniger, der Himmel zeigt ein mattgräuliches Blau, das man kaum vom schleierigen Dunst der Bewölkung unterscheiden kann. Ich mache gegen Mittag den Weg zum Strand hinunter, der hinter der Medina liegt, allerdings schon von weitem einen so beunruhigend fischig-verwesten Grundgeruch ausströmt, daß ich mich nicht dazu entschließen kann zu baden, obwohl zahlreiche Rabati mir ein anderes, ganz und gar unerschrockenes Beispiel geben.

Sechs Kilometer weiter südlich soll es ein Städtchen geben, an dessen Stränden das Wasser sauberer ist und wo der örtliche Surfclub sitzt, dessen Präsident Mohammed VI., der junge König, ist. In einer Zeitung war ein Foto von ihm zu sehen, umringt von Surfchampions, irgendeine Internationale Meisterschaft wurde da jüngst ausgetragen.

Bei meinen Spaziergängen durch die Medina – wo die Händler mit ihren Auslagen sitzen, Gewürze, Schuhe, Teppiche etc. anbieten – fällt mir auf, daß man einen Touristen, möge er noch so untouristisch gekleidet sein, zuletzt immer daran erkennt, daß er alleine unterwegs ist. Das ist sonst niemand, von den Kindern angefangen bis zu den alten Leuten – alle sind in Gruppen unterwegs, Männer wie Frauen halten sich an den Händen, haben einander die Arme um die Schultern gelegt, gehen Hand in Hand durch die Straßen und sitzen zusammen.

Wer hier alleine ist, strahlt etwas Verlorenes aus – so fühle ich mich jetzt, wenn ich durch die Straßen laufe. Es ist nicht der Abfall, der mich bedrückt, es sind nicht die Verwesungsgerüche – es ist die traurige Einsicht, daß man hier alleine so gut wie gar nicht ist und auch nicht wirklich versteht, was geschieht.

* * *

Als ich am Bahnhof vorbeikomme, bettelt mich ein kleiner Junge mit zerrissenem T-Shirt an, in dessen ganzem Ausdruck soviel Unglück liegt, daß man Angst bekommt, ihm in die Augen zu sehen. Er riecht deutlich nach Klebstoff. Ich gebe ihm aus Scham einen kleinen Schein, zwanzig Dirham, das sind zwei Euro, er nimmt ihn und rennt sofort weg.

* * *

Am Abend bin ich mit dem Ehepaar Strauss auf der Schlußveranstaltung des ersten Internationalen Filmfestivals von Salé, das sich besonders der Förderung der Frauen verpflichtet fühlt. Eine Bühne ist in einem alten Torbogen aufgebaut, davor abgeschirmt die Ehrengäste und hundert Meter weiter bestimmt an die zweitausend Menschen, die dem Geschehen auf der Bühne über eine Großbildleinwand folgen – es werden zahlreiche Preise vergeben, für Drehbuch, Regie, Darsteller etc. Auffällig allerdings, daß die allermeisten der Geehrten nicht da sind, weil sie im Ausland leben und vor allem dort arbeiten. Sie lassen sich, auch wieder interessant, vor allem von Europäern vertreten.

Sonntag, 12. September

Der Aufzug im Hotel geht nicht. Die fetten, alten Busreisenden müssen sich durch das enge Treppenhaus quälen und jammern und klagen auf Italienisch, Spanisch und Dänisch. Das sind wir Europäer: fette alte Leute, die nichts anderes mehr können als zu konsumieren: fressen, saufen, fernsehen.

Dann gibt es die zweite Arabischstunde, Fatima erklärt mir die Buchstaben und schreibt mir Beispielwörter auf. Da das Goethe-Institut geschlossen ist, sitzen wir unten in der Lobby, wo gelegentlich der eine oder andere Tourist vorbeikommt und sich verwundert fragt, was wir wohl machen. Nach einer Stunde stümperhaften Nachsprechens spüre ich, daß die vier Wochen vielleicht nicht genügen werden, und heimlich – obwohl Fatima eine fabelhafte Lehrerin ist – beschließe ich, es aufzugeben.

Danach besuche ich deprimiert das Mausoleum des Großvaters und Vaters des jetzigen Königs, auf dessen sechs Meter tiefem Grund im Eck, unweit des granitenen Sarkophags, ein leibhaftiger Wächter auf einem Teppich sitzt und unbewegt ins Nichts starrt, während sich oben auf der Galerie die vor allem marokkanischen Touristen drängen.

Bei einem Straßenhändler kaufe ich geröstete Erdnüsse. Ich hole das Geld aus der Tasche, auf der Suche nach einem Dirham. Bevor er mir aber das aus einer beschriebenen DIN-A-4-Seite zusammengerollte Tütchen gibt, greift er unvermittelt an meine Hose. Ich erschrecke mich leicht, dann begreife ich, daß er einen aus der Hosentasche heraushängenden Faden entdeckt hat. Mit seinem Feuerzeug brennt er den Faden ab, nickt mir zu und lacht mit den schwarzen Stumpen in seinem Mund.

Ich danke ihm. Ich begreife, daß es nicht nur gilt, eine andere Grammatik und andere Buchstaben zu erlernen, sondern ein anderes soziales Vokabular. Es empfiehlt sich, locker zu bleiben und die Leute zunächst einmal ausreden zu lassen, auch gestisch. Hätte ich meinem ersten Reflex nachgegeben und mich weggedreht, hätte sich bei mir der Eindruck verfestigt, er habe mir irgendwie ans Geld fassen wollen. Ich mußte ihn erst ausreden lassen, um zu sehen, daß er nur einen Gefallen, eine Aufmerksamkeit im Sinn hatte. Zum ersten Mal sehe ich die Aufgabe, auf die ich mich eingelassen habe, deutlicher – ich sehe, wieviel ich nicht begreife, wieviel zu lernen ist.

Ein gewisser Blues ist unabweisbar – ich gehe immer wieder dieselben Straßen auf und ab, von der Neustadt hinunter zur Medina, weiter zur Kasbah, dann zum Meer und zurück. Dann denke ich an Dorle und ihren schwangeren Bauch und muß mich zusammenreißen, um nicht zu weinen. Einsamer war ich selten als hier.

Allerdings mache ich dann, als ich vergeblich versuche, nach Deutschland zu telefonieren, die nette Bekanntschaft eines jungen Mannes, der in einer Teleboutique ganz in der Nähe des Hotels arbeitet. Ich bin dort so etwas wie ein Stammkunde geworden, denn abgesehen davon, daß das Telefonieren im Hotel auch zu teuer wäre, funktioniert es zur Zeit nicht.

Heute abend scheinen aber in ganz Rabat die Leitungen nach Deutschland ausgefallen zu sein. Um das zu überprüfen, versucht Rachid, seine Schwester in Deutschland anzurufen, kommt aber gleichfalls nicht durch. So geraten wir ins Gespräch. Er ist sehr nett. Ein strahlender Mensch.

Abendessen auf dem Zimmer: eine große Gärtnergurke, ein halbes Baguette und eine kleine Flasche marokkanischen Rotweins.

Montag, 13. September

Das Wetter ist schöner, nicht mehr so schwül und dämpfig, statt dessen wunderbarer blauer Himmel, Wind und richtige, nicht nur schleierige, sondern groß aufgetürmte Wolken. Sehr schön, ein richtiger, fast bayerischer Himmel.

Um 8 Uhr 35 beginnt wieder die Probe der Militärkapelle. Vom Wind und vom Verkehrslärm beeinträchtigt, kommt die Musik auseinandergerissen und zerpflückt daher, aber es klingt – besonders in den Fragmenten der Hörner, die herüberdringen – zwischendurch so, als würden sie Wagners Walkürenritt probieren.

Dann ruft meine Frau unten an der Rezeption an, einer der netten Grooms informiert mich, und während sich gerade ein Bus fetter Spanier auf den Weg macht, um zum nächsten Hotel und zur nächsten Vollpension aufzubrechen, erfahre ich, daß unser Söhnchen Leopold offensichtlich meine Stimme vermißt, denn seit ich weg bin, würde er morgens gar nicht mehr richtig wach werden, weil es so still sei. Süßer, niedlicher Poldi-Buddha! Noch ungeboren, doch schon längst da!

* * *

Wenn die Gruppenreisenden das Büfett hinter sich gebracht haben, dann erscheinen die Dauergäste des Hotels zum Frühstück: die bestens gelaunten Schwarzafrikaner, ein schweigsamer durchtrainierter Chinese im blauen Trainingsanzug (auf dessen Rückenteil »FIT TO FIGHT« steht) – und ich. Die schwulen Italiener sind inzwischen abgereist.

Bislang liefen morgens immer luxuriöse, ausgiebigen Gebrauch vom Tenorsaxophon machende Instrumentalversionen des größten Hits von George Michael: »Careless Whisper«. Heute hingegen, eine angenehme Abwechslung, wie ich finde, gibt es ein Endlosband oder eine auf Repeat gestellte CD mit einer orchestralen Fassung von »Stille Nacht, Heilige Nacht«.

Die marokkanischen Kellner sind wahre Gentlemen, denen mit ausgesuchter Höflichkeit zu begegnen eines der Vergnügen des Morgens ist. Des weiteren sind herrlich die Zimmermädchen, die Portiers und Concierges! Auch die Parkwächter sind nett, die gelegentlich ihr Wasser in das von ihnen beherrschte Hauseck abschlagen und dabei vor Erleichterung über das ganze Gesicht zahnlos und begeistert grinsen. Sehr nett sind auch Rachid und sein Bruder Mohammad aus der Teleboutique.

* * *

Zwei Kooperationspartner des Instituts sind mit Direktor Strauss zum Mittagessen im »Weimar«, dem Bistro des Goethe-Instituts verabredet, und ich komme dazu. Der eine, Achraf Kabbouri, von Beruf vor allem Graphikdesigner, ist der äußerst umtriebige Manager eines Jazzprojekts für arme Kinder. Fouad Maazouz ist Fotograf[4] und hat vom Konzert der Kinder im Goethe-Institut Fotos für die Ausstellung gemacht, die zufällig am Abend meiner Ankunft eröffnet wurde.

Während der Direktor (weißhaarig, schlank, randlose, kleine Rundbrille: Er würde hervorragend in ein historisches Kostüm mit Vatermörder à la Thomas Mann passen) wieder an die Verwaltung schreiten muß, machen wir uns dann zu Dritt zu einem Spaziergang in die Stadt auf.

Es sind dieselben Straßen, aber zum ersten Mal bin ich nicht alleine unterwegs; sofort verändert sich die Stadt. Das Stehenbleiben bekommt eine andere Qualität. Wo wir hinkommen, treffen die beiden Bekannte, schütteln Hände, tauschen Küsse.

Das ganze Städtchen schrumpft – und das liegt nur an meinen Begleitern. Die Stadt hat sich nicht verändert. Ich begreife, daß die orientalische Stadt für den Einzelnen keinen Sinn macht – nur Dinge, die man zusammen macht, am besten in einer Runde, fühlen sich hier wirklich gut an.

* * *

4 und wird im Austausch bald zu uns nach Berlin reisen. Berlin! Bin ja eigentlich schon Hamburger und denke oft an die vielen Koffer in Form von Bücherkisten, die in einem dunklen, aber trockenen Neuköllner Keller vor sich hinwarten, wie vergessene, aber treue Eselchen ...

Dinge, die man zum ersten Mal erlebt, sind immer etwas Besonderes: der erste Kuß, der erste Joint, der erste, auf einer arabischen Terrasse in einer fröhlichen Runde servierte Pfefferminztee: milliardenfach genossen und das allergewöhnlichste und populärste Getränk, ist er dennoch ein Genuß, den man schwerlich vergessen wird – vor allem, wenn man nur den gewöhnlichen, im Beutel verabreichten Pfefferminztee deutscher Provenienz kennt. Er gehört für mich ganz und gar der Sphäre der Erkältung und des naßkalten Unbehagens an, und ich konnte ihn eigentlich nie richtig leiden. Ganz anders der Pfefferminztee hier: Er ist köstlich, vom ersten Schluck an überraschend süß, aber eine Süße, die nicht nur gezuckert ist, sondern vom Aroma der Minze auf die wunderbarste Weise getragen wird. Wir sitzen auf der schönsten Terrasse des schönsten Cafés von Rabat, es liegt in der Kasbah, der hinter der Medina aufragenden Festungsstadt.

Von dieser Terrasse aus sehen wir auf die Badebucht von Rabat, wo der Bouregreg mündet, der die beiden Schwesterstädte Rabat und Salé voneinander trennt und in dessen Delta blau und azurgrün gestrichene Fischerboote liegen. Die Jugend Rabats treibt sich an den Stränden herum, spielt Fußball, badet oder surft, dabei umspielt von der Weitläufigkeit der Bucht, der blau-weiß strahlenden Stille der Kasbah, der Majestät des Atlantiks und der Höhe des marokkanischen Himmels.

Ich hatte die beiden darum gebeten, mich zu einem Friseur zu bringen – der Nachmittag ist dann aber so angefüllt mit Gesprächen und angenehmen Betrachtungen, daß ich es auch nicht schlimm gefunden hätte, hätten wir den Friseurtermin ausgelassen. Schließlich aber stehen wir tatsächlich vor einem kleinen Laden. Jetzt begreife ich auch die Dramaturgie unserer Wanderung. Niemals gehetzt, niemals drängelnd, aber immer auf dem Weg – wenn es Abschweifungen waren, dann ging es schlicht darum, mir die Stadt zu zeigen –, und tatsächlich, man kann denselben Weg nehmen, alleine und mit Begleitung, und es werden zwei verschiedene Wege sein.

Der Friseurladen ist dann wirklich herrlich – eine jamaikanische Flagge, ein überlebensgroßes Bob-Marley-Plakat (der ein Idol der marokkanischen Jugend ist), ein vor Bläue strahlendes Foto eines Surfers in einer gigantischen Welle schmücken den Raum, und dazu ein junger, strahlender Figaro mit äußerst gepflegten Locken und einem Bärtchen vom Feinsten, der mir erst die Haare schert und anschließend (eine weitere Premiere) mit einem Messer den Bart abnimmt.

Achraf und Fouad stehen erst noch eine Weile draußen vor der Tür und unterhalten sich mit einem älteren Belgier, der zufällig des schmalen Wegs gekommen ist. Ich darf mich auf dem uralten, leicht klebrigen Friseurstuhl ausruhen, meine Badelatschen aufs angenehm nachgiebige Blech stemmen und zur Ruhe kommen. Yeah!

Ein auf die allerlustigste Weise vor sich hin summender, in schnellem und beweglichem Französisch plaudernder, dabei spitzenmäßig sanfter und fehlerlos arbeitender Figaro, der sich offensichtlich freut, zur Abwechslung mal einen deutschen Schriftsteller rasieren zu dürfen. Er hätte sich mit Sicherheit auch darüber gefreut, einen australischen Koch zu rasieren: Es geht nicht nur um Status, sondern um Mitteilung. Es geht nicht nur um seine zu erwartenden Einnahmen, sondern um die Tatsache, daß meine beiden Führer seinen Laden ausgesucht haben. Es geht immer um das Ganze.

* * *

Abends bei Rachid zum Telefonieren. Kaum bin ich im Laden, ruft er seine Schwester an, weil er will, daß ich mit ihr auf Deutsch plaudere. Das Mädchen ist 21, lebt seit zweieinhalb Jahren in Deutschland, zur Zeit in Köln, arbeitet in einem Aachener Krankenhaus und fängt im Herbst an zu studieren. Seitdem war sie nicht mehr zu Hause. Ihr Bruder ist sehr stolz auf sie. Wie muß sie einsam sein in ihrem Wohnheim, sie kennt privat nur eine andere Marokkanerin, keine Deutschen.

Dienstag, 14. September

Die Militärkapelle übt heute morgen eine Art von Shanty – ein hin- und herwogendes, freundliches Sprudeln, vor allem in den Posaunen, während die Flöten – wie es mir scheint – ein wenig zu kurz kommen.

Dann eine erste Fassung des Tagebuchs abgegeben. Es soll auf der Homepage von Midad und Goethe veröffentlicht werden, zusammen mit den Tagebüchern der Kolleginnen und Kollegen in den anderen Städten. Unabhängig von dieser zeitnahen Publikation sind hier bei uns in Marokko einige Lesungen geplant. Zu diesem Zweck sollen Teile meiner bislang fertig gestellten Aufzeichnungen ins Arabische übersetzt werden. Es bleibt uns also gar nichts anderes übrig, als den Anfang des Tagebuchs auszuwählen. Dieter Strauss wird ihn einer Übersetzerin aus Rabat übermitteln.

Danach vereinbaren der Direktor und ich, daß ich am kommenden Samstag nach Tanger fahre. Was ich eigentlich dort soll, weiß ich auch nicht, aber jetzt muß einfach irgendwas passieren. Bin minimal deprimiert. Dabei liebe ich die Erzählungen von Bowles, die alle in Tanger geschrieben wurden, manchmal auch dort spielen. Ich sollte mich freuen. Aber es ist noch so lang hin, noch vier Tage.

* * *

Mit Achraf, der mich am Nachmittag am Hotel abholt, einen neuerlichen Spaziergang unternommen. Achraf – als Sohn einer Diplomatenfamilie viele Jahre im Ausland – hat zehn Jahre in den USA gelebt und u.a. an der Universität von Southern California studiert. Eines seiner eindrücklichsten Erlebnisse dort muß ein Seminar mit dem Dalai Lama gewesen sein – so sprechen wir lange über die mystischen Traditionen des tibetischen und des Zen-Buddhismus und kommen endlich auf die Sufis zu sprechen, für die ich mich so sehr interessiere, weil ihre Metaphorik für mich die größte Anschaulichkeit aller großen mystischen Schulen besitzt: den Qur'an etwa beschreiben sie als »Flut und Ebbe« – der Text strömt, und seine sprituelle Strömung ist aufgebaut aus wunderbaren Zeichen (âyât), die ihn schließlich von seinen Lesern zurück zu Gott strömen lassen, und diese Rückbewegung des Textes, der in Wahrheit eine einzige große Strömung ist, ist der einzige Grund, warum man ihn liest.

Deswegen macht es für den Sufi auch Sinn, den Qur'an zu lesen, auch wenn man kein oder nur schlecht Arabisch kann, wenn man ihn also in unserem aufgeklärten Sinn gar nicht lesen kann.

Achraf fällt ein, daß ein Freund von ihm, der im Kultusministerium arbeitet, erwähnt hat, daß just in diesen Tagen ein großer Sufi-Kongreß in Marrakesch stattfindet. Informationen dieser Art holt man hier – wenn man sich schon in der Hauptstadt befindet – offensichtlich nicht übers Internet, sondern gleich bei den zuständigen Behörden ein, und so sitzen wir erst einmal bei seinem Freund im Kabinett des Kultusministers, dessen Ministerium in der Neustadt liegt. Dieser Freund schickt uns weiter zum Ministerium für Islamische Angelegenheiten, das sich auf dem Gelände des königlichen Palastes befindet.

Dort werden wir – nachdem Achraf unser Anliegen den Torwächtern erklärt hat – nicht nur vorgelassen, sondern kommen Schritt für Schritt, von einem Portier zum nächsten, bis in das Büro eines Ministerialdirektors: Ja, sagt der, dieser Sufi-Kongreß findet tatsächlich statt, und dann gibt er uns den Namen eines gewissen Herrn Aziz, der der Stellvertreter des Ministers für Islamische Angelegenheiten in Marrakesch sei. Wenn ich dort sei, nächste Woche, dann solle ich mich einfach an ihn wenden, er würde mir weiterhelfen. Dann schreibt er mir Namen und Adresse auf Arabisch in mein Notizbuch. Dann bestellt er einen Tee für uns alle beim Bürodiener. Danach verabschieden wir uns von den Portiers im ersten Stock, von den Portiers im Erdgeschoß und spazieren wieder hinaus.

Zum Abschied, nachdem wir noch eine Schawarma für mich besorgt haben (Achraf ißt abends nichts, leistet mir aber freundlicherweise auf einer öffentlichen Bank am Boulevard Mohammed V. Gesellschaft), komme ich auf einen Text des marokkanischen Großschriftstellers Ben Jelloun zu sprechen, der in der ZEIT abgedruckt war und die mangelnde Toleranz in den meisten arabischen Ländern beklagt. Achraf ist nicht begeistert; Ben Jelloun gehöre auch zu denen, die im Ausland lebten, in einer westlichen Sprache schrieben und sich den Konflikten hier nicht stellten. Er – Achraf – erwarte sich keine Toleranz. Toleranz bedeute schließlich, daß man den anderen ertragen könne, und welche Arroganz liege doch darin, sich zu brüsten, einen anderen – trotz seiner vielen Fehler sozusagen – zu ertragen. Nicht Toleranz brauche die marokkanische Gesellschaft, sondern Liebe.

* * *

Früh ins Bett, um Bowles zu lesen – das Beste an seinen Geschichten sind immer die kleinen Unverständlichkeiten, die er einbaut. Unwahrscheinlich geschickt. Es sind Schlenker in der Erzählung, gedankliche und psychologische Abschweifungen auch, die so unvermittelt enden, wie sie auftauchten, Sackgassen, die einfach da sind, zu denen es nichts weiter zu sagen gibt und die einem doch gerade deshalb eindrücklich in Erinnerung bleiben. Faszinierend.

Mittwoch, 15. September

Die wichtigste und schönste Nachricht der letzten Woche: Dorle war wieder einmal beim Ultraschall, und es ist nicht nur alles in Ordnung mit ihr und unserem Sohn, sondern im Gegenteil, es ist besser als nur in Ordnung: Poldis Kopf ist dem Rest des Körpers an Größe voraus und befindet sich bereits in der 33. Woche, was bedeuten kann, daß er ein wenig früher kommt als gedacht, oder aber, daß er einfach ein sehr großes Gehirn hat. Jedenfalls zeigte sich der Arzt – so Dorle – sehr zufrieden mit dem Verlauf. Wie bin ich jedesmal glücklich, das zu hören.

Wie bringt einen das jedem anderen Vater auf dieser Welt näher! Denn ob reich oder arm, glücklich oder unglücklich – ein Kind ist das Wertvollste; oder anders gesagt, all das, was man vor solcher Berührung mit dem Werdenden für wertvoll hielt, ist es auf einmal nicht mehr. Man würde es zweifellos hergeben, wenn es denn sein müßte, bis man nichts mehr hätte als das Leben.

Dann bin ich wieder auf dem Hotelzimmer, um zu arbeiten. Und bekomme beim Tippen auf einmal solches Heimweh, daß sich mir die Kehle zuschnürt. Über die Finger, die mit den Eigenheiten und speziellen Unebenheiten auf der eingeschriebenen, alten Tastatur vertraut sind, erinnert sich zunehmend der ganze Körper an den bislang gewohnten Ort, das Zuhause. Es fröstelt mich.

* * *

Später sitze ich draußen, vor »Henry's Bar«, einem altmodisch netten, aber natürlich üblen Zecherlokal gegenüber dem schmucken, wenn auch kleinen Hauptbahnhof Rabat-Ville. Wenn man im Café sitzt, dann sieht man den Leuten zu und versinkt in der Tätigkeit der anderen. Es ist viel los.

Nach einer Woche habe ich allerdings verstanden, daß das Gewimmel in der Stadt nur ein scheinbares ist. Es wimmelt, das ist schon richtig, allerdings sind es immer dieselben Leute, die wimmeln. Es ist eine Kleinststadt, aufgebaut aus kleinen und kleinsten Nachbarschaften, in denen jeder jeden kennt. Das Großstädtische, vorgegeben von den ministerialen Bauten, dem Verkehr, der Beleuchtung der Palmen – alles nur Fassaden für das Leben dahinter, das ein Leben im kleinen ist.

Und es geht ja gar nicht anders: Kommt man vom Dorf in die Stadt, wird man nach einer gewissen Zeit das Dörfliche in den Straßen des Ghettos entdecken. Das Kind einer Metropole wird aufs Land gehen und Machenschaften und Abgründe der Bewohner kennenlernen, so gefährlich und gemein wie nur in irgendeiner Großstadt dieser Welt.

Alles Reisen und alles Bleiben dient nur dazu, herauszufinden, daß es keinen privilegierten Ort im Universum gibt, weil es ihn nicht geben kann. Die wichtigste Erfahrung kennt keine Tages- oder Jahreszeit, kein Klima, keine Grenze. Die Sache, von der es zu kosten gilt, ist überall, freifließend und umsonst.

Wenn es so ist, ließe sich auch ein Maß gerechter Verteilung der Güter finden, welches das rein Quantitative endlich hinter sich lassen könnte. Arm und reich sind ja Relationsbegriffe, sie können nicht ohne einander sein.

Man kann die Armut nicht abschaffen, ohne nicht auch den Reichtum zu beseitigen. Das wird aber durch einen wie immer auch gedachten Ausgleich im Materiellen niemals endgültig zu erzielen sein, der eine wird auf den ersten Blick immer mehr oder weniger haben als der andere. Letztlich kann man das Materielle nur aus dem Verständnis seiner

Wirkungen heraus beurteilen. Das einzige, was man also sicher sagen kann, kann doch nur sein, daß weder derjenige Reichtum begrüßenswert noch diejenige Armut erträglich sind, die die Menschen, die in ihnen leben, an der wesentlichen Erkenntnis hindern.

Zur wesentlichen Erkenntnis gelangen wir durch die freie Entfaltung unseres Wesens – und eigentlich weiß jeder Mensch, wann er genug und wann er zu wenig hat. Jeder Fresser weiß, daß da etwas anderes in ihm frißt, daß ihn etwas auffrißt. Jeder hungernde Mensch – und hier in Marokko gibt es viele – weiß, daß er das Unglück nicht verdient hat, aus dem ihm seine Mitmenschen nicht heraushelfen und dessen Not ihn nicht zur Ruhe kommen läßt. Daß ihn mehr als das persönliche Unglück vor allem auch das schmerzliche Bewußtsein quält, daß es das Unglück überhaupt gibt, daß es zugelassen wird, daß es Teil des Spiels ist.

* * *

Hotel Bélère. Nebenan ein Amerikaner, dessen auf seiner Terrasse geführtem Telefonat mit seinem Mobiltelefon ich bei geöffneter Tür lausche. Er befindet sich auf der klassischen Kurzreise, Benelux, Schweiz, Frankreich und danach Rom. Dann erklärt er seiner – wenn ich richtig verstanden habe – weiblichen Gesprächspartnerin in Boston auf charmante Weise, daß Rabat südlich von Madrid liege. Wer wollte ihm da widersprechen?

Ach, wäre es nur möglich, Fernreisen auf andere Planeten zu unternehmen – wie schnell würden wir begreifen, daß wir alle miteinander von der Erde, aus derselben Ecke stammen.

Donnerstag, 16. September

Der Morgen beginnt fröhlich mit einem Nachtrag vom gestrigen Abend – nach dem Eintrag ins Tagebuch bin ich zum Telefonieren in »meine« Teleboutique marschiert, um Dorle anzurufen.

Als ich ankomme, strahlt Rachid mich an. Seine Familie würde mich gerne zum Essen einladen. Ich freue mich, weise aber darauf hin, daß es nur am Freitag ginge, da ich Samstag abführe. Er sagt sofort »d'accord, pas de problème«, und schlägt mir folgendes Programm vor: erst der Besuch eines Museums, dann Picknick am schönsten Strand der ganzen Gegend, der berühmten »Plage des Nations«, danach Essen bei Maman! Treffpunkt am Eck, unweit der Boutique. Punkt 9 Uhr!

Freitag, 17. September

Ein strahlender, sonniger Tag, ideal für einen Ausflug ans Meer. Punkt neun Uhr holt mich Rachid mit seinem alten Renault Super Cinq an der ausgemachten Stelle ab. Seine Schwester hat ihm eingeschärft, wie pünktlich wir Deutschen sind, und das nahm ich mir wiederum zum strengen Hinweis, die Meinung seiner Schwester über uns Deutsche auf keinen Fall durch meine Unpünktlichkeit zu widerlegen.

Ich bestehe darauf, auf dem Blumenmarkt ein Gesteck mit einer irdenen, mit Wasser gefüllten Vase für Rachids Maman zu erwerben – was er erst akzeptieren will, nachdem ich ihm versichere, daß es ein »unumgänglicher deutscher Brauch« sei, Blumen bei einer Esseneinladung mitzubringen. Dann brechen wir auf, fahren hinunter in Rachids Heimatstadt Salé, es geht am Strand entlang, der weitläufiger ist als der

Rabats. Allerdings ist Salé ganz offensichtlich viel ärmer als die höher gelegene Schwester Rabat – Ruinen, wohin man blickt, Eselskarren anstatt der oft nagelneuen BMWs, Mercedes' und anderen großen Autos, die auf den Boulevards von Rabat unterwegs sind; viel mehr Bettler, darunter viele alte Leute. Dann fahren wir noch an eine Tankstelle – ein Liter kostet zehn Dirham, also einen Euro. Das ist – im Verhältnis – viel teurer als bei uns.

Die »Plage des Nations« liegt auf halber Strecke zwischen Rabat/Sale und dem nördlich gelegenen Kenitra, einem großen Industriehafen. Wenn die Slums aufhören, ist das Land sofort absolut ländlich. Wenige Wälder, viel wie Brachland wirkendes braun-rotes Terrain, kleine Siedlungen, alles auf den ersten Blick heruntergekommen.

Nach zwanzig Minuten sind wir da, besuchen vor dem Strand aber noch ein Museum der marokkanischen Geschichte und Kultur. Da es keine anderen Besucher gibt, begleitet uns der Aufseher, der einen viel zu großen braunen Anzug trägt und ansonsten ein bißchen zuviel Kiff in seinem Kopf zu haben scheint. Seine Erklärungen sind so dürftig, daß er selbst manchmal ganz irritiert davon zu sein scheint, wie wenig er eigentlich weiß. Die – ohne wirklich erkennbaren Plan – ausgestellten Gegenstände, vor allem Kunsthandwerk, Sättel und Waffen, sind alle in einem erbärmlichen Zustand, die Textilien brüchig, das Holz verstaubt. Alles Silber – Messer, Schwerter etc. – ist schwarz und offensichtlich seit Jahren nicht geputzt worden. Wahrlich eine Ausstellung!

Am Strand, der auf der anderen Seite der Straße hinter einer waldigen Kuppe liegt, ist es dann vollkommen neblig. Der wolkenlose Tag ist auf der anderen Seite geblieben. Es gibt einen verlassenen Parkplatz, an dem einer der omnipräsenten Blaumannträger für Ordnung sorgt, die es auch in Rabat in jeder größeren Straße gibt. Im Schatten der Mauer sehe ich das erste Hunderudel. Die meisten Hunde liegen traurig herum, wenn einer aufsteht, dann hinkt und schleicht er ein bißchen herum, bleibt dann hechelnd stehen und blickt ins Hundenichts.

Auch hier überall Abfall, vor allem die unvermeidlichen schwarzen Plastiktüten und anderes Plastik. Aber der Strand selbst ist herrlich, die Surfer schätzen ihn, auch wenn die Wellen, die man zuweilen antrifft, laut Rachid schon dem einen oder anderen das Licht ausgeblasen haben, der nicht vorsichtig genug war.

Rachid – der auf strahlende Sonne Wert legt – badet nicht, ich schon. Nach einer halben Stunde brechen wir wieder auf, geben dem Parkwächter drei Dirham und fahren zurück, zum Essen bei Maman.

* * *

Den ganzen Vormittag über haben wir uns unterhalten. Als wir am Haus seiner Familie in Salé ankommen, weiß ich, daß Rachid 28 Jahre alt ist, eine Ausbildung zum Schreiner gemacht hat, in welchem Metier es aber keine Arbeit gibt. Das ist das größte Problem, sagt Rachid und strahlt dabei über das ganze Gesicht: Es gibt einfach keine Arbeit. Er und sein Bruder sind zwar froh, daß sie in der Teleboutique untergekommen sind, aber das ist natürlich keine Basis, um sich selbständig zu machen. Also wohnen beide noch zu Hause – wie eigentlich fast alle aus seiner Generation.

Das Haus seiner Eltern liegt in einem Außenbezirk Salés, eine einfache Gegend voll staubiger Straßen, unbebauter und verwahrloster Grundstücke. Überall auf den Straßen junge Leute, unter denen sich Rachid mit seiner ganzen Art deutlich abhebt. Er ist ein strahlender Prinz. Er parkt vor dem Haus, der Eingang liegt hinter einer kleinen Mauer mit einem aus Draht geflochtenen Türchen. Es geht eine schmale Treppe hoch, im ersten Stock empfängt uns seine Maman.

Sie trägt Kopftuch und traditionelle Kleidung. Sie hat auffallend wache und liebenswürdige Augen, ich überreiche die Blumen, die ein wenig gelitten haben, wir waschen uns die Hände und warten auf den Vater, der noch in der Moschee ist.

Sein Vater arbeitet bei der ONCF, der *Organisation Nationale des Chemins de Fer*, der Eisenbahn. Als ich Rachid erzähle, daß wir also beide auf eine gewisse Weise »Söhne der Eisenbahn« seien, da auch ich der Eisenbahn viel verdanke, habe ich für einen kurzen Moment das Gefühl, ihn irgendwie gekränkt zu haben – er hat auf jeden Fall nicht genau verstanden, was ich meine.

Von der staubigen Straße kommend, überrascht und erfreut mich die saubere Frische des Hauses. Es ist nirgendwo überladen, sondern von kühler, angenehmer Schlichtheit. Es hat neben der Küche fünf Zimmer, darunter einen großen, prächtig ausgestatteten Salon Marocain, mit einer breiten, dreiteiligen Eckbank, reich an großen, dunkelblauen Kissen. Oben gibt es noch eine Terrasse, mit einer eigenen Dusche und Toilette und einer Kochgelegenheit, so daß die Familie im Sommer dort ihre Zelte aufschlagen kann, wenn es zu heiß wird. Rachid weist mich oben auf der Terrasse mit Stolz darauf hin, daß das Haus nach drei Seiten hin offen ist. Es ist das letzte einer Siedlung, die anderen Häuser besitzen nur zwei offene Seiten.

Während Rachid – der jüngere von beiden – seiner Mutter ähnlich sieht, ist es offensichtlich, daß Mohammed, der ältere, der gerade in der Teleboutique in Rabat arbeiten muß, nach dem Vater gekommen ist. Ein sehr freundlicher, schlanker Mann, dessen Rückkehr vom Gebet das Essen eröffnet. Er begrüßt mich herzlich, fordert mich auf, mich ganz wie zu Hause zu fühlen, und dann geht es los.

Bislang habe ich hier nicht besonders gut gegessen, ich war zu vorsichtig im Ausprobieren einfacher Restaurants, habe zu oft Pizza und anderes Fastfood zu mir genommen. Das lag an verschiedenen Warnungen, die mir angeblich wissende Freunde und Reiseführer mit auf den Weg gegeben hatten.

Nun begreife ich schmeckend, wie schlecht ich bis jetzt gegessen habe. Es ist so gut, daß ich mich immer an den ersten Bissen erinnern werde. Es gibt Rinder-Tajine, das ist lange im Tontopf gegartes Fleisch. Man ißt mit den Händen. Ein Genuß, das Fleisch, das sich ganz leicht lösen läßt, aus der Schüssel zu nehmen, dazu Pommes frites, die auf dem Fleisch liegen und sich mit seinem Aroma vollgesogen haben. Schließlich Oliven, Tomatensalat und ein eisgekühltes süßsaures Kompott aus Bananen und Äpfeln. Im wunderbar gewürzten Fleischsaft liegen noch Datteln und Nüsse. Die Schärfe des vorzüglichen Fleisches gemeinsam mit den Früchten und dem Gemüse ergeben bei jedem neuen Bissen einen vielstimmigen, variablen Jubellaut des guten Geschmacks. Zur Nachspeise wird gekühltes frisches Obst gereicht, knackige Trauben, Bananen und Melonen. Während des Essens herrscht zufriedenes, äußerst angenehmes Schweigen, man darf sich ganz dem Genuß und der französischen Ausgabe des Fernsehsenders EuroNews hingeben. Auf der Wetterkarte kann ich der Familie dann zeigen, wo Köln liegt, wo ja das jüngste Kind lebt. Dann besteht Rachid darauf, ein Mittagsschläfchen zu halten. Oben auf der breiten Eckbank ist bequem Platz für eine ganze Familie.

Fern meines klimatisierten Hotelzimmers, in Gedanken ganz nah meinen fernen Liebsten im Norden, schlafe ich tatsächlich ein, und ich weiß nicht, was schöner ist: das Lockerlassen und Eindämmern nach dem herrlichen Essen oder das Erwachen fünfzehn Minuten später. Rachids Maman klappert unten leise mit den Töpfen, die Sonne fällt in schmalen Streifen durch den angenehm luftigen Raum, man hört Vögel von draußen und sonst kaum etwas. Dort erwache ich und bin angekommen. Nie fort gewesen.

* * *

Dann müssen wir uns beeilen, zurück nach Rabat zu kommen – Rachids Schicht beginnt um 15 Uhr. Es ist Freitag, Feiertag, und es geht ziemlich zu, zwischen Salé und Rabat, der Hauptstadt. Auf der Brücke über den Bouregreg bleiben wir immer wieder stecken, aber es macht nichts, weil wir eine Kassette mit dem libanesischen Lieblingssänger Rachids hören, weil das Wetter so strahlend ist und wir inmitten Zigtausender anderer im Stau stehen – an allen Seiten rasen Mofas an uns vorbei, Leute auf Eseln oder Pferdekarren.

Als wir schließlich an der Teleboutique eintreffen, ist es schon deutlich nach halb vier. Ich habe ein leicht schlechtes Gewissen, weil er nun wegen mir viel zu spät zur Arbeit kommt. »Pas de problème«, sagt Rachid und lacht strahlend, »C'est la vie, qui rie«, das Leben, wie es lacht.

* * *

Den Nachmittag vertrödele ich mit Spazierengehen, setze mich noch für eine Stunde an den Strand und besuche schließlich auf dem Rückweg Hassan, den Friseur.

Man geht durch eine schmale Gasse in die Medina hinein, kommt an einer alten Frau mit einem ganz und gar pockigwarzigem Gesicht, die in einem Eingang sitzt, vorbei, wendet sich nach rechts, gerade bis zum Ende der Gasse, links, bis zu einem kleinen Lebensmittelladen, und dann rechts, die Gasse hinunter. Tatsächlich gefunden.

Es ist kurz nach fünf, der Maestro sitzt müßig auf der Bank. Er erkennt mich sofort wieder, fragt, wie es geht, ich danke, erzähle von dem wunderbaren Essen bei Rachid und daß ich morgen nach Tanger aufbrechen würde. Wir unterhalten uns über die Umstände der Reise, wo ich wohnen, wie lange ich bleiben werde. Dabei stelle ich wieder einmal fest, wie angenehm es mir ist, mit Nicht-Franzosen Französisch zu sprechen – diese herrliche Sprache, die sich so streng gibt, gemeinsam mit einem anderen einfach so zu gebrauchen, daß man sich versteht. Auf Bayerisch würde man sagen, wir ratschen.

Dann seift Hassan mich ein, es kitzelt auf angenehme Weise, es ist kühl, entspannend. Er will wissen, wer die beiden Typen waren, mit denen ich letzte Woche da gewesen sei. Ich weiß erst nicht, was er meint, und er präzisiert die Frage, na ja, der große Schlacks mit der Fotokamera und der andere mit dem Bart und dieser bekloppten Mütze?

Meinst du Achraf? frage ich.

Keine Ahnung, wie der Typ heißt.

Ja, kennst du denn die beiden gar nicht? will ich wissen, und er darauf nur: Nein, habe ich nie gesehen.

Komisch, sage ich, ich hatte das Gefühl, daß sie dich kannten. Na ja, meint er wieder, kann schon sein, früher, als ich noch gesurft habe, da kannten mich viele vom Strand, aber ehrlich, man kann ja nun wirklich nicht jeden kennen, der einen kennt, oder?

Also erzähle ich ihm mit knappen Worten, daß Achraf aus Rabat stammt und Fouad aus einer kleineren Stadt oder einem Dorf, zwanzig Kilometer außerhalb, und was die beiden so machen.

Weil ich selbst niemanden kannte, nahm ich automatisch an, daß alle, mit denen sich Achraf und Fouad auf unserem Weg etwas länger unterhielten, Bekannte von ihnen gewesen wären. Als wir schließlich bei Hassan eingetroffen waren, war ich mir sicher gewesen, ein großes Freundestreffen mitzuerleben. In Wahrheit war es die normale Höflichkeit zwischen Fremden.

So lächerlich klein diese Einsicht auch sein mag, für mich ist sie in diesem Moment revolutionär. Weil sie so auffällig nett zueinander sind und ich andererseits *kein* Wort verstehe, habe ich mir bisher eingebildet, daß die Leute, die man auf den Straßen miteinander reden und lachen sieht, alle irgendwie zusammenhängen müßten. Ein Irrtum, wie ich begreife.

Damit ändern auf einen Schlag unzählige Szenen, an die ich mich erinnern kann, ihren Sinn. Damit wird das, was ich überall geschehen sehe, plötzlich um eine ganze Helligkeitsstufe klarer und deutlicher. Faszinierend.

* * *

Dann muß ich mich sogar noch beeilen, ich bin ja schon wieder eingeladen, diesmal aber beim Direktor des Instituts. Als ich in der Dusche stehe, fällt mir ein, daß ich keine Blumen und auch sonst kein Gastgeschenk für die Straussens habe. Im Restaurant, wo eine riesige Gruppe von Franzosen gerade die Knochen krachen läßt, besorge ich mir deswegen noch schnell eine kleine Flasche Wein. Während der Fahrt in Straussens Land Rover schäme ich mich allerdings so sehr über die Dürftigkeit meines Geschenks, daß ich den Wein im Gepäckfach der Tür stehen lasse.

Der Abend in der bemerkenswert schönen und wunderbar eingerichteten Wohnung der Straussens, an dem noch Julia, die neue, in Mainz studierende Praktikantin des Instituts, die Verwaltungschefin und eine Journalistin vom WDR teilnehmen, ist sehr interessant.

Die Journalistin erzählt, daß sie den ganzen Tag damit beschäftigt war, einen Bericht über ein gerade geschehenes Unglück in Nigeria fertigzustellen, bei dem über fünfzig Menschen ums Leben gekommen seien. Auf die Frage nach den Umständen erklärt sie, es sei in Nigeria übliche Praxis der Armen, Öl-Pipelines und Gasleitungen anzuzapfen. Da die Eingriffe alles andere als professionell verliefen, käme es in ziemlicher Regelmäßigkeit zu Unfällen. Um einen solchen handele es sich. Leider, fügt sie dann noch hinzu, leider schaffe es kaum einmal ein derartiges Ereignis tatsächlich in den Wahrnehmungshorizont der Nachrichtenredaktionen ihres Heimatsenders in Köln. Die Region, für die sie zuständig ist, also das ganze westliche Afrika vom Mittelmeer bis zum Äquator, sei nicht interessant genug. Sie produziere fleißig – dabei wirkt sie ziemlich erschöpft –, aber eigentlich meistens nur für den medialen Mülleimer. Und so sehr man ihr ansieht, mit welchem Engagement sie an ihren Themen arbeitet, so sehr spürt man doch auch jenen manchesmal befremdlichen Zug an ihr, den Medienprofis, die wissen, daß nur schlechte Nachrichten gute Nachrichten sind, an sich haben können. »Fünfzig tote Nigerianer« ist offensichtlich in unseren Breiten nicht schlimm genug.

Dann setzen wir uns zum mehrgängigen Essen, das Frau Strauss köstlich gelungen ist. Ich sitze zwischen der strahlenden Praktikantin Julia und einer älteren Kollegin der Straussens, die so etwas wie die Finanzchefin des Instituts ist. Sie steht am Ende einer dreißigjährigen Laufbahn bei Goethe, hat die letzen Jahre hier in Rabat zugebracht und sehnt sich danach, endlich wieder in Europa leben zu können.

»Wissen Sie«, und dabei wirkt sie weder wütend noch anprangernd, sondern wie jemand, der sich längst abgefunden und mit der Aussicht auf den baldigen Abschied beschieden hat, »man kann hier als Frau einfach nicht leben.«

Sie habe es versucht, aber es ginge einfach nicht. Die erforderlichen Anstrengungen, um sich alleine und frei zu bewegen, stünden in keinem Verhältnis zu dem Aufwand, der dafür zu erbringen sei. Eine alleinstehende, noch dazu kinderlose Frau genieße prinzipiell wenig Respekt, eine kinderlose alte Frau sei einfach nur noch lächerlich, und das würde man auf Schritt und Tritt zu spüren bekommen. Jeder Straßenjunge könne einem hinterherpfeifen und unverschämt und herablassend sein. Eine Art von Aufgehobensein könne man nur in den beschränkten Zirkeln der Europäer erfahren, nicht im öffentlichen Leben. Sie freue sich nur noch auf den Augenblick, an dem sie Marokko endlich den Rücken zukehren und nach Hause kommen werde. Das liegt für sie übrigens keineswegs in Deutschland, sondern in Italien.

Dieter Strauss wiederum, der mit seiner Kollegin den bevorstehenden Ruhestand teilen wird, träumt schon vom nächsten Auslandsprojekt, das ihn in den brasilianischen Dschungel führen soll. Wenn ich richtig verstanden habe, geht es darum, die Geburtsvilla von Thomas Manns Mutter zu restaurieren und als Veranstaltungsort und Forschungszentrum der Öffentlichkeit zugänglich zu machen. Strauss wurde als klassischer One-Dollar-Man für den Direktorenposten eingekauft. Den Kontakt hat er während seiner Goethezeit in Südamerika gemacht, wo es ihm so gut gefallen habe.

So changiert das Gespräch zwischen Erinnerung und Zukunftsaussichten, und da niemand von denen, die dauerhaft hier leben, wirklich traurig zu sein scheint, von hier fortzugehen, wir alle mehr oder weniger Durchreisende sind, bekommt der Abend, an dem man noch dazu vorzüglich speiste, fast etwas Schwebendes, wie von heiterer Ungebundenheit.

Spät nachts dann packe ich, in äußerster Hochstimmung, im Hotel für die Reise nach dem sagenumwobenen Tanger, wo mich Hans Tischleder, ein vor vielen Jahren als Wahlmarokkaner neugeborener Frankfurter, unter seine Fittiche nehmen wird.

Von Rabat nach Tanger

Samstag, 18. September 2004.

Abfahrt 10:17, Rabat-Ville – Ankunft 14:55, Tanger-Ville.

Wäre – so eine meiner Überlegungen während der sich hinziehenden Zugfahrt –, wäre die Telefonanlage im Hotel Bélère zum Beispiel nicht andauernd kaputt, wäre ich nicht so oft zum Telefonieren in die nächstgelegene Teleboutique marschiert und hätte niemals die Bekanntschaft von Rachid und seiner Familie gemacht.

Der offensichtlichste positive Effekt einer mangelhaften Infrastruktur ist also ein zwischenmenschlicher: Man rückt näher zusammen, man hilft sich aus, man interessiert sich für die Erfahrungen, die der andere gemacht hat; und jeder weiß es zu schätzen, erfährt er in einem glücklichen Moment von einem speziellen Trick, einer geschickten Handhabung mißlicher Umstände und schwierig zu balancierender Gegenstände.

Das soll nun nicht bedeuten, daß ich Fehler oder Mängel begrüße, aber da sie nun einmal unvermeidlich sind, kommt es – finde ich – immer darauf an, was man aus ihnen macht und wie man mit ihnen umgeht. Als alter Eisenbahner weiß ich, aus wie vielen technischen und humanen Einzelteilen eine Eisenbahn gebaut ist, und bin meist schon glücklich, wenn die Züge überhaupt fahren. Daß sie manchmal ein wenig zu spät kommen, ist, gemessen daran, was sonst noch alles schiefgehen könnte, eine Kleinigkeit.

So gesehen, funktioniert die marokkanische Eisenbahn

ganz gut. Das Wagenmaterial entspricht etwa dem unseren von vor zwanzig bis dreißig Jahren. Wer sich vor überfüllten Abteilen fürchtet, der wähle ein Ticket Erster Klasse (für die Strecke von Rabat nach Tanger zahlt man hin und zurück 264 Dirham, keine dreißig Euro). Üblich sind dort recht komfortable Abteile mit sechs Sitzplätzen. Die Klimaanlagen in diesen Wagen arbeiten zuverlässig, die Fenster sind fugenlos verkeilt, aus wohlmeinender Ordnung heraus, denn sonst würden sie geöffnet, und dann funktioniert die Klimaanlage nicht, und die Klimaanlage ist der ganze Stolz der Eisenbahn. Einen schnelleren Weg, mit sämtlichen in der marokkanischen Atemluft vorhandenen Keimen Bekanntschaft zu schließen, dürfte es kaum geben.

Die Toiletten sind marokkanischer Standard, es bleibt einem also erst einmal die Luft weg, und verdächtig feucht und glitschig sind sie auch, aber dafür funktionieren sie noch wie bei uns früher, auf die gute alte Weise, indem sie sich direkt auf das Gleis entleeren, so daß man beim Pinkeln den Schwellen zusehen kann, wie sie unter einem vorüberrasen.

Die allererste, allerdings winzige Strecke (11 km) wurde 1860 von den Spaniern gebaut, zwischen Rio Martin und Tetuan am Mittelmeer. Der Grund waren Truppentransporte nach der ersten marokkanischen Kampagne 1859. Die Eisenbahn war zunächst ein Instrument kolonialer Ausbeutung – und da sich verschiedene Mächte um diese bemühten, etablierten sie auch verschiedene Systeme. Die Spanier, deren Herrschaftsgebiet die gesamte Mittelmeerküste mit einem schmalen Streifen Hinterland und ein paar Dutzend Kilometer Atlantikküste umfaßte, bauten mäßig schnell an einem Mittelspursystem, das von Ost nach West angelegt war. Die Franzosen bauten auf ihrem Gebiet ein Normalspursystem auf, um die Rohstoffvorkommen des Südens, vor allem Phosphate und Mangan, in die Hafenstädte des Nordens zu transportieren.

Mit einer genauen Betrachtung der Geschichte seiner Eisenbahn ließe sich die *Grande Histoire* Marokkos in der Moderne erzählen, seine Abhängigkeiten, seine Glücksfälle – allen voran der langjährige Chef des französischen Protektorats, Marschall Lyautey, der viel für die Entwicklung des Landes getan und seine Integrität unermüdlich verteidigt hat, vor allem gegen die verschiedenen Interessen der Marokkaner selbst: Er ist eine jener legendären westlichen Gestalten, denen es gelungen ist, durch das Vertrauen und die Wertschätzung, die ihm von verschiedenen Seiten entgegengebracht wurden, als Vermittler wirken zu können.

Ein Vermittler – das ist, wonach zunächst die arabische, schließlich die Welt des Islam von Anfang an verlangte. Die arabische Halbinsel des 7. Jahrhunderts war ein Gebiet, auf dem sich ein total zerstrittenes Volk von Händlern und Halsabschneidern um äußerst knappe Ressourcen stritt. Man glaubte an zahllose rachsüchtige Wüstengottheiten, doch wichtiger als die Götter waren Familie und Clan, denn nur diese großen Verbände boten dem Einzelnen Schutz – dieser Schutz ergab sich aus dem Gesetz der Blutrache. Die Araber lebten zwischen endlosen brüderlichen Kleinkriegen – jeder, der nicht vom eigenen Clan war, ein Feind. Dann trat Mohammad auf, der Prophet, der Vermittler zwischen Gott und der Menschheit, aber natürlich, in der tatsächlichen militärischen und politischen Praxis vor allem auch ein Vermittler zwischen den vielen Einzelnen selbst. Sein Prinzip bestand darin, seine besiegten Feinde gut zu behandeln, mindestens so gut wie seine Freunde, wenn nicht sogar besser.

Freilich spaltete sich das unter dem Propheten wie aus dem historischen Nichts hervorschießende einige Reich bald wieder in zahllose Einzelreiche auf – die erste Nachfolge des Propheten durch seinen besten Freund Abu Bakr war noch unumstritten, aber schon bald kam Mißtrauen auf, die Anführerschaft durch den jeweiligen Nachfolger sei gar nicht legitim. Ein früher Fall war etwa die Abspaltung der Glaubensrichtung der Schiiten, die sich an den Schwiegersohn des Propheten, Ali, hielten und nur ihm und seinen Nachkommen folgen wollten.

Da aber die staatliche Einigung und Reichsbildung ausschließlich ein religiöses Ereignis war, hatten solche Glaubensfragen andererseits enorme politische Auswirkungen – in allen Teilen des arabischen Weltreichs wechselten die Herren schnell, erbauten in stupender Geschwindigkeit Städte und Festungen, um plötzlich, von einer neuerlichen Welle, aus ihren eigenen Bauten herausgespült zu werden und im Treibsand der Geschichte zu versickern.

Staaten und Herrschaftsbereiche bildeten sich heraus und zerfielen wieder – darin bildet Marokko eine Ausnahme, dessen Staatsgebiet viele hundert Jahre intakt blieb. Epochen herausragender Herrscher wurden jedoch immer wieder von unruhigen, bürgerkriegsartigen Zeiten des Übergangs begleitet. Im 19. Jahrhundert schien es fast so weit gekommen, ein schwacher König und besonders erbitterte Konflikte unter den wichtigsten Familien brachten Marokko an den Rand der Spaltung: Die Folge waren die Protektorate, von denen das französische eindeutig das wichtigere war. Eisenbahnerisch gesprochen, ist von der Mittelspur der Spanier rein gar nichts übriggeblieben. Marokko hatte als erstes Land im nördlichen Afrika ein reines, durchgehendes Normalspurnetz, ein erheblicher Vorteil, da Mehrspursysteme stets viel Kraft auf den Übergängen lassen.

Das ehrgeizigste Projekt eines internationalen Zuglaufs war der Marokko-Expreß von Paris nach Casablanca, der einmal wöchentlich verkehrte, bedauerlicherweise aber nur in den Jahren 1948/49. Bis in die frühen Sechziger waren auch die Wagons-Lits mit nächtlichen Schlafwagenläufen etwa von Casablanca nach Ouijda an der algerischen Grenze tätig, zogen sich dann allerdings zurück, wie aus dem restlichen frankophonen Afrika.[5]

Nach der Unabhängigkeit wurde so schnell wie in keinem anderen Land Afrikas eine Marokkanisierung des Personals durchgezogen. Gleichwohl zeigt ein vergleichendes Studium der Karten, daß sich seit der Unabhängigkeit, ja eigentlich schon seit den sehr späten vierziger Jahren des 20. Jahrhunderts, wenig im Ausbau des Netzes getan hat – das mag daran liegen, daß die Franzosen einfach so gute Arbeit geleistet haben oder daß die Mittel der Eisenbahn anders eingesetzt wurden – zum Beispiel für die Sozialversorgung der Angestellten.

Nach wie vor sind die südlichsten, aus dem Gesamtnetz der Eisenbahn erreichbaren Punkte im Westen Marrakesch, im Osten Colomb-Bechar. Da, wo die Schienen enden, werden ihre Läufe von einem kleinen Netz von sogenannten »Liaisons routières« verlängert, man kommt hinunter bis ganz in den Süden nach Dakhia, im Osten von Marrakesch bis nach Ouarzazate – mit Bussen. Das wird einen Eisenbahnenthusiasten natürlich nachdenklich stimmen.

* * *

5 Ich werde in *»Schienenstränge und Lokschuppen«*, einer Sammlung erzählender Versuche über die Eisenbahn aus der Sicht eines Enthusiasten, einen durchgearbeiteten Essay über die marokkanische Eisenbahn vorlegen – beginnen wird er mit einem Aspekt altmarokkanischen Wissens über die Dschinns: Die Dschinns leben etwa sechs Meter unter Tage, in einer Welt, die der unseren vollkommen gleicht, bis auf den kleinen Unterschied, daß es in der Dschinn-Welt anstelle von Luft Erde gibt. Die Dschinns können kein Metall vertragen – der Bau der Eisenbahnen, das Verlegen der Schienen bis in die fernsten und abgelegensten Gebiete des marokkanischen Südens war der Anfang vom Ende des Auftauchens der Dschinns in der Menschenwelt. Da sich auch unter den Menschen der alten Zeit nicht alle mit der Existenz der Dschinns und ihrer Anwesenheit in der Menschenwelt abfinden wollten, gab es also auch viele, die die Weisheit der Franzosen rühmten, soviel gutes Metall systematisch über das Land zu verlegen, um die Dschinns endlich in ihre unterirdische Welt zu verbannen.

Kurz vor Tanger, der Zug rollt nur gemächlich: Nahe der Bahnstrecke kauert ein junger Mann ohne Hosen. Aus einem weiß emaillierten Krug begießt er sich mit Wasser, er hat gerade sein Geschäft verrichtet und wäscht sich jetzt. Ein paar Meter weiter, unter einem Baum, zwei alte Männer, zu denen er offensichtlich gehört. Um sie nicht zu stören, ist er ein wenig zur Seite gegangen – er präsentiert sich dafür bestens den Reisenden des vorbeifahrenden Zuges. Sein Gesicht ist sehr sympathisch, er lacht über beide Ohren.

Es obliegt mir, dem Beobachter, was ich daraus mache: Ich könnte zeigen, wie mangelhaft und zurückgeblieben die hygienische Situation hierzulande ist, wie sich jeder der nächste ist, ohne sich darum zu kümmern, ob er einen anderen vielleicht stört oder bedrängt mit seinem Verhalten. Ich könnte aber auch lobend feststellen, wie sehr der junge Mann doch – trotz der schlechten Infrastruktur – auf seine Reinlichkeit achtet und sich wäscht.

Schließlich kann ich dem Einzelnen nicht – und je jünger er ist, desto weniger – den Zustand seines Landes zum Vorwurf machen; ebenso wenig, wie ich für mich selbst ein schlechtes Gewissen akzeptieren würde, nur weil ich aus einem reichen Land stamme. Der Einzelne kann immer nur nach dem beurteilt werden, was er aus seiner Lage macht. Davon hängt auch zugleich ab, ob sein Leben *für ihn selbst* glückt oder nicht. Es kann die wahre Ordnung stündlich neu beginnen. Deswegen kann man jedem anderen Menschen vorauseilend Respekt entgegenzubringen versuchen, denn in jedem steckt ein Meister. Es ist nur eine Frage der Zeit, bis er erwacht.

Tanger, Aufenthalt

Samstag, 18. September

Die Beschreibung, die Direktor Strauss mir von Hans Tischleder gab, hätte signifikanter nicht sein können – ein großer Deutscher, der mit einer Djellaba, einem umhangartigen traditionellen marokkanischen Kleidungsstück, herumläuft. Als ich vom Gleis kommend die Bahnhofshalle betrete, erkenne ich ihn sofort. Seine Mähne war wohl einst blond, ist jetzt grau, hinten aber immer noch von stolzer Länge. Er hat eine breite, typische Frankfurter Visage von einiger Beweglichkeit. Ein erstaunlicher Anblick. In seiner Begleitung ein Freund namens Robert, wie man sich einen Engländer im Orient vorstellt: khakifarbene Shorts, ein kurzärmeliges Hemd mit dünnen Schulterklappen, ein grauer, kurzgeschorener Vollbart. Die beiden sind als Paar so außergewöhnlich, daß es eine wahre Freude ist.

Die Fahrt ins spanische Viertel, rue Velazquez, nr. 9, dauert ihre guten zehn Minuten. Die relative Leere des – ein wenig abseits liegenden – neuen Bahnhofs und seines Vorplatzes wird zügig von einer europäisch-urbanen Großstadtsituation abgelöst, wie ich sie nach den zehn Tagen Rabat niemals erwartet oder auch nur für möglich gehalten hätte. Ein Boulevard mit fünfgeschossigen Gebäuden, wie sie in Marseille oder Madrid stehen könnten, verbunden mit einer unbeschreiblichen Beweglichkeit und Lebendigkeit der in allen marokkanischen Hautfarben und Typen vorbeiströmenden Bevölkerung – es zerrt den unvorbereitet reisenden Beobachter sofort in ein Weichbild: Kommt er aus dem Landesinneren, denkt er sich schon in Europa. Setzt er aus Europa über, wird er sofort sehen, daß er sich in einer orientalischen Stadt befindet.

Unten im Haus betreibt Tischleder sein Restaurant »Les Citoyens de Tanger«, ganz oben wohnt er. Im zweiten Stock liegt die Wohnung eines anderen Deutschen, Alfons Runde, der zur Zeit nicht da ist, weshalb ich dort unterkommen darf; die relativ geringe Miete übernimmt das Goethe-Institut.

Beim Aussteigen fällt mein Blick auf ein dem Haus gegenüberliegendes Café, auf dessen gelben Schirmen in lateinischer Schrift »Café des Echiquiers« steht. Als ich Tischleder erfreut frage, ob dieser Name wörtlich zu nehmen ist und dort Schachspieler anzutreffen seien, meint er nur, nein, keine Schachspieler, käufliche Mädchen. Dann zeigt er mir die Wohnung.

Wie ist der Anblick dieser großzügigen europäischen Altbauwohnung spanischer Prägung herrlich – sie bietet alles, was sich Leute auf der Durchreise nur wünschen können: zwei Schlafzimmer, einen richtigen Schreibtisch, eine kleine, gut ausgestattete Küche, ein schönes Bad und einen Balkon auf die Straße hinaus. Überall hängt Kunst, ein bestimmter Maler scheint hier sogar gesammelt zu werden, expressiver Stil einheimischer Motive, schöne Aquarelle und einige Bilder in Öl. Dazu ein Bücherregal, ein Fernseher und die unvermeidliche, nahezu leere Flasche Whisky. Wie ist das alles herrlich nach der klimatisierten Leere des Bélère!

Ein halbe Stunde später treffen wir uns oben auf der großen Dachterrasse – von der man den Blick über die Häuserflut der Medina und die Bucht mit dem Hafen hat. In der

Ferne liegt Europa. Und von überall her, von allen Seiten dringen Stimmen und Geräusche auf uns ein – unablässig und milde. Das Wetter ist strahlend blau, vielleicht 25 Grad, und es geht ein deutlicher, wunderbar frischer Wind. Die Aussicht, hier nun für die unwahrscheinliche Anzahl von drei Tagen wohnen zu dürfen, begeistert mich. Ich bedanke mich überschwenglich für den Kaffee, den Robert uns aus Pulver gebraut hat – genieße das strahlende, windliebkoste Blau der beiden Meere links und rechts von uns.

Wir besprechen uns auf englisch. Ich erkläre, daß ich einerseits ein festes Schreibprogramm hätte, das ich einhalten wollte, andererseits gerne Seilspringen und Meditieren betreiben würde. Meditieren? Ja, sage ich, eine Art von Yoga. Die Terrasse hier oben, die Wohnung dort unten mit dem schönen Schreibtisch seien geradezu ideal. Ich sähe mich schon glücklich.

Beide schauen mich interessiert an – und Tischleder meint grinsend, das sei ja alles schon mal sehr gut, dann sollte ich am besten gleich mit Robert mitgehen, für einen ersten Spaziergang, in einer halben Stunde würden wir uns am »Café de Paris« treffen.

Die rue Velazques fällt steil ab, durchweg große Wohnhäuser, spanischer Klassizismus, mit prächtigen marmornen Eingängen, allerdings mit allen Anzeichen einer kleinteiligen Spur allgemeinen Verfalls, die sich vom Boulevard durch diese Straße hinunter zieht. An ihrem Ende liegt ein steil abfallendes Trümmerfeld mit dazugehöriger Müllkippe, durch die eine schmale Treppe geradewegs nach unten führt.

Über diesen Weg ist man ganz schnell unten am Hafen – vorbei am klassizistischen »Teatro Cervantes«, äußerlich eine Ruine, aber die blaue auf gelbem Grund gehaltene Schrift kann man noch lesen: Absurderweise erkenne ich das Gebäude aus einem Van-Damme-Film. Robert kennt zwar – irgendwie auch zu meiner Erleichterung – weder Film noch Darsteller, bejaht aber, daß vor ein paar Jahren hier gedreht wurde. Ein Boxkampf? Ja, irgend etwas in der Art sei es wohl gewesen.

Wie lange er die Stadt schon kenne? Nun, vierzehn Jahre, gelebt habe er aber erst die letzten vier Jahre hier, bevor er jüngst in Rente und zunächst nach England zurückgegangen sei. Dann erreichen wir die Medina: Alles, was ich hier sehe, habe ich auch in Rabat schon gesehen, aber so massiert und dicht aufeinander, so belebt, ja strotzend vor Bevölkerung war es dort nirgendwo. Auch die Gerüche sind von ganz anderer Intensität.

Robert erzählt mir, daß er sein Leben als Mathematiklehrer an britischen Schulen in Afrika und Asien verbracht hat, lange in Kairo und Bangkok. Auf meine Frage, ob es ihm irgendwo am besten gefallen habe, meint er wörtlich: »I don't care for other people's prejudices«, und deswegen sei es eigentlich überall gut, wo das Leben zum Teil noch so sei wie vor hundert oder noch mehr Jahren.

Schließlich erwerben wir zwei Besen in einem Haushaltswarenladen am oberen Rand der Medina; Robert erklärt mir, daß er sich jahrelang als eine Art Hausmeister um die anglikanische Kirche von Tanger gekümmert habe, jetzt tue er es nur noch ausnahmsweise, und zwar wenn er zufällig in der Stadt sei. Die Kirche liegt nahebei, und als wir ihren wuchernden Garten betreten, fällt Roberts Blick auf einen Haufen Erde, auf dem jemand eine Schaufel hat liegen lassen. Sofort schreit er mehrmals den Namen »Mustafa«, verbunden mit einigen arabischen Flüchen. Mustafa ist der Gärtner, der seine Arbeit nicht wie aufgetragen erledigt hat und sich, als er schließlich aus irgendeinem Gebüsch kommend vor uns steht, grinsend und achselzuckend entschuldigt. Er sei nicht dazu gekommen. Er weiß natürlich, daß Robert ihm nichts anhaben kann, außer ihm kein

Trinkgeld zu geben. Robert zeigt ihm die beiden Besen. Leider stellt sich der eine der beiden als unbrauchbar heraus.

Die Kirche aus dem späten 19. Jahrhundert im andalusischen Stil wirkt eher katholisch, hat viel von einem Bühnenraum. Auf dem Kirchhof die Gräber einiger Gentlemen, denen in Tanger die letzte Stunde schlug. Als ich Mustafa zum Abschied fotografiere, salutiert er.

Als wir wieder auf die Straße treten, rennen wir direkt in eine englische Reisegruppe. Robert und der Fremdenführer kennen sich anscheinend, begrüßen sich mit Handschlag. Dann treffen wir auf dem Gehsteig einer dichtbefahrenen Kreuzung zufällig ein Mitglied der Gemeinde, die Bibliothekarin der Kirche, eine füllige, äußerst liebenswürdige Dame aus Amerika, die Robert fragt, ob er jetzt doch wieder in Tanger sei. Der meint daraufhin, er sei hier momentan im Urlaub. Darüber hinaus sei sein weiteres Leben noch nicht ganz klar, im Augenblick plane er, Frühling und Herbst in Marokko, den Sommer in Italien und den Winter in Thailand zu verbringen. Die Bibliothekarin kommentiert Roberts Pläne mit einem wissenden Nicken, zeigt sich selbst aber festentschlossen, in Tanger zu bleiben.

Kurz nach 17 Uhr treffen wir am »Café de Paris« ein – Tischleder ist so nett und überläßt mir, dem Neuankömmling, seinen Platz auf der Terrasse, setzt sich selbst mit dem Rücken zur Straße. Ich genieße einen vorzüglichen Blick über alles Kommen und Vorbeigehen. Während der halben Stunde unseres Aufenthalts sehe ich einen nagelneuen Phaeton, eine Cabrio-Oldtimerparade, die wohl zum Hafen hinunterfährt, um verschifft zu werden, Dutzende Eselskarren und auch solche Transportmittel, die nur von Menschen gezogen werden – das alles umspült von einer Flut aus azurfarbenen Kleinen Taxis und braunen großen, den Grand Taxis (vor denen mich Tischleder beiläufig warnt – sie haben keinen Zähler, und das führt oft zu Mißverständnissen), unzähligen Mofas und Fußgängern.

Der altmodisch europäische Stil des Cafés im Rücken, jene schimmernde Vermischung von Welten, die unterschiedlichen Zeitaltern angehören, jene Lebendigkeit großstädtischen Lebens, die in Rabat so gar nicht zu finden war – das alles finde ich überwältigend schön. Urbane Heimat.

Nach seinem Kaffee verabschiedet sich Robert, er will den Besen umtauschen gehen. Tischleder erinnert ihn daran, daß im Restaurant ein schöner Loup de mer im Salzmantel auf uns warte, dann wendet er sich – ganz liebenswürdiger Landsmann, Impresario, Fremdenführer und Vermittler in einem – mir zu. Auch wir sollten zügig aufbrechen, er wolle mir einen ersten Eindruck von seiner uralten, auf sieben Hügeln gebauten Stadt geben. Zunächst aber, damit er wisse, wie er mir helfen könne, würde er gerne wissen, wonach ich suchte. Das ist nun eine Frage, die mich nicht ganz unvorbereitet trifft: Mit Achraf war ich erst jüngst bis ins Ministerium für Islamische Angelegenheiten vorgedrungen, um Auskünfte über den Sufi-Kongreß in Marrakesch einzuholen.

»Ich interessiere mich sehr für den Sufismus ...«, sage ich also und muß grinsen. Hans murmelt etwas von einem Sufimeister, den er kenne, der aber aus irgendwelchen rituellen Gründen gerade nicht in Tanger sei. Ob ich mich sonst für nichts interessieren würde? Ob ich nichts von der Stadt sehen wollte? Natürlich – soviel wie möglich.

Das freut ihn, und wir beschließen, sofort aufzubrechen. Ich solle mir das »Café de Paris« als Ausgangszentrum verinnerlichen, es liege ziemlich genau im Zentrum, alle großen Wege führten an ihm vorbei. »Wenn du hier eine halbe Stunde sitzt, dann hast du ganz Tanger gesehen ...« – ein breites Grinsen und dann: »und ganz Tanger dich!«

* * *

Es sind dieselben Geräusche und Gesichter, die ich aus Rabat kenne – aber in Tanger ist alles gedrängter, dichter, extremer. Die Katzen sind größer und wacher als in Rabat, richtige Tiger, auch die Menschen auf den ersten Blick schneller. Wir besichtigen das ehemalige Deutsche Konsulat, dessen Innenhof von einem gewaltigen Gummibaum erfüllt ist, tauchen dann wieder in die Medina, die an manchen Stellen zu einer äußerst sinnlichen Symphonie voller widerstreitender extremer Gerüche und Anblicke wird, durcheilen gewaltige Fleisch- und Fischmärkte, passieren die Eingänge von Moscheen und Barbierstuben. Am Ausgang sucht Tischleder einen Laden auf, der neben gebrauchten Kameras, Apple-Notebooks und alten Münzen und Briefmarken auch alte Uhren verkauft. Mich interessieren auf Anhieb drei: eine Automatikuhr von Omega, die allerdings verdächtig zögerlich tickt, eine schöne Movado mit kleiner Sekunde auf sechs und Datum auf drei Uhr sowie eine sehr schöne Longines, so wie es aussieht aus Gold, mit einem vertrauenserweckend singenden Innenleben, Stopuhr, Sekunde und Datum. Ich lasse mir alles zeigen und gebe mich entsetzt über die Preise, sage, ich würde noch einmal wiederkommen. Es ist ja noch soviel Zeit bis Montag.

Vielleicht sind Städte, die auf Hügeln stehen, geheimnisvoller als solche auf flachem Grund – die gerade Straße und die klassische rechteckige Kreuzung wird man in Tanger jedenfalls vergeblich suchen, alles läuft rund und in Kreisen, und das führt im Auf und Ab der Täler und Berge zu erstaunlichen Windungen und Verwicklungen. Tanger ist kompliziert und verheißungsvoll. Daß man hier alles kaufen kann, liegt in der Luft, man braucht nur einen Führer. Daß ich so schnell auf Uhren gestoßen bin, die mich interessieren, ist faszinierend, aber auch eine Warnung: Ich bin gerade erst angekommen und will schon Geschäfte machen. Es gefällt mir fast zu gut.

23 Uhr. Tischleder ist auf jeden Fall wahnsinnig – aber es ist ein Wahnsinn von jener faszinierenden Vollständigkeit, die mich schon immer anzog und mich als aufmerksamsten Zuhörer und Begleiter mit sich zu nehmen vermag wie eine Welle.

Das Essen im »Les Citoyens de Tanger« ist gut, der Fisch herrlich frisch. Hauptsächliches Thema ist *Tanger.* Tischleders Tanger. Tischleder wohnt seit fünfzehn Jahren hier, macht neben dem Restaurant auch noch das Goethe-Zentrum auf ehrenamtlicher Basis und kennt die Stadt und ihre Bewohner, daß man manchmal denkt, er wäre in einem anderen Leben schon einmal hier gewesen. Er redet einem bestens gelaunt das Ohr blutig – am liebsten auf Deutsch. Zwischendurch beneide ich Robert, der sich bei Tischleders Monologen lässig zurücklehnen und dem Fisch widmen kann.

* * *

Oberhalb der rue Velaszquez, wo die Straße in den Boulevard mündet, spielt ein CD-Händler die ganze Zeit neueste Musik. Man hört die Leute miteinander streiten und lachen. Autos, manchmal Katzen. Einmal das Hornsignal eines Schiffs – das paßt gut mit den Schwingungen der Wohnung zusammen. Im Regal stehen ein paar Jahrbücher der frühen siebziger Jahre, darunter auch meines Geburtsjahres, 1971. Die Wohnung muß genau in dieser Zeit bezogen worden sein. Die breitgebauten Polstermöbel in angenehm senfigen Farben, die Lampen und Spiegel – auf die Wohnung wurde große Sorgfalt und einiger Geschmack verwendet, und dann wurde dreißig Jahre nichts mehr verändert, sondern nur noch regelmäßig Staub gewischt.

Bis auf die Küche ist alles so, wie es war, als ich geboren wurde, stelle ich mir vor. Eine Vergangenheit, in der man wohnen kann. Ich stelle mir vor, wie viele Wohnungen in

Tanger wohl ebensolche blasenhafte, leuchtende Schiffchen im Gewässer der Zeit sind, von Emigranten aller Richtungen eingerichtete lebende Museen.

Die Bibliothek ist klein, aber durchaus nicht auf dem Stand ihrer Gründung stehengeblieben, so findet sich Ingo Schulzes »Simple Stories« neben gediegenen Klassikern in neueren, guten Ausgaben. In der Küche hängt ein großer Jahreskalender in weiß-blau, von der Volks- und Raiffeisenbank Südliche Weinstraße. Die schnellen Konsumgüter im Bad, alles in Deutschland gekauft und (wahrscheinlich) zu achtzig Prozent von deutschen Logiergästen vergessen. Wie sollte man sich sonst die Anwesenheit von sieben fast vollen Flaschen Rasierschaum erklären?

Ich werde in dieser Wohnung kochen, baden und schreiben, auf der Dachterrasse sitzen und seilspringen. Ich bin endlich angekommen in Marokko. Es ist phantastisch. Tanger sei Dank.

Sonntag, 19. September

Spät ins Bett. Sehr schlecht geschlafen, habe eindeutig zuviel getrunken gestern. War auch ziemlich laut auf der Straße. Die Müllabfuhr schien sich die halbe Nacht ausschließlich unter meinem Fenster ausgetobt zu haben.

Zwinge mich dennoch, relativ früh aufzustehen, um mir im »Café des Echiquiers« gegenüber etwas zum Frühstücken zu holen. Tatsächlich sitzen dort schon um diese Tageszeit mindestens zehn Mädchen und Frauen. Auf einem großen Fernseher läuft ein lautstarker Spielfilm, dessen Sprache nicht Arabisch ist. Während mir das dürrste alte Männlein, dem ich je begegnet bin, hinter der Theke einen Milchkaffee macht, sehe ich dem Film zu, wenn mich nicht alles täuscht, ein unsynchronisierter Bollywoodfilm. Verstohlene Blicke der Mädchen. Das einzige, woran jemand wie ich erkennen kann, daß sie sich verkaufen, ist der Umstand, daß sie hier sitzen. Sie sehen aus wie viele Mädchen, die hier auf den Straßen zu sehen sind.

Anschließend in der Wohnung gearbeitet, bis ca. elf Uhr dreißig. Dann das Tablett zurückgebracht und eine Teleboutique am oberen Ende der Straße aufgesucht, um Dorle anzurufen. Als ich eine Kabine – aus Glas – betrete und anfange zu telefonieren, betritt eine wunderschöne junge Frau den Laden und sieht sich um. Alle Kabinen sind leer. Sie wählt die Kabine neben mir, wirft mir einen scheuen Blick zu, den ich – mit meiner Frau sprechend – guten Gewissens lächelnd erwidere. Sie wirft fünf Dirham in den Apparat, legt wieder auf, dreht sich um, sieht mich an, ich mache eine Bewegung, als würde ich gleich auflegen, sie sieht es genau, ich bemerke es, rede also weiter und blicke zu Boden, sie wirft daraufhin das Geldstück noch einmal in den Apparat, gibt mir die Möglichkeit, das Gespräch in aller Ruhe zu beenden, wenn ich will. Ohne einen einzigen Satz ins Telefon gesprochen zu haben, verläßt sie die Teleboutique.

Als ich nach oben auf den Boulevard gehe, finde ich überall in den Seitenstraßen Nachtclubs. Ich begreife die Lage unseres Hauses im Gefüge der Stadt besser. Gefährliche Gegend. Ich kann von Glück sprechen, daß mich die Zeitläufte nicht schon vor ein paar Jahren nach Tanger führten, damals hätte es schnell heikel werden können.

Dann wieder in der Wohnung. Arbeit. Um Punkt zwölf klopfen Hans und Robert. Der Ausflug aufs Land. Wir schnappen uns oben am Boulevard ein Kleines blaues Taxi und fahren damit zu einem größeren, staubigen Platz in einem Außenbezirk Tangers, auf dem zahllose Große Taxis stehen, braune Mercedes-Diesel-Fahrzeuge, die alle zwischen dreißig und zwanzig Jahre alt sein dürften. Noch beim Einsteigen sagt Hans grinsend, daß wir uns nun daran machen würden, »die internationale Zone« zu verlassen.

***

Strategisch – am Übergang zwischen Mittelmeer und Atlantik – von höchster Bedeutung, einigten sich die europäischen Großmächte mit dem Osmanischen Reich, dem imperialen Vorläufer der heutigen Türkei, und den USA, Tanger 1912 zu einer internationalen Zone zu machen, die von einer supranationalen Regierung verwaltet wurde. Zwölf Konsuln vertraten die wichtigsten Mächte, die alle dementsprechend Konsulate betrieben, die größeren auch eine eigene Post. Ganz in der Nähe des Uhrenladens liegt das »Café des Postes«, das Café zu den Postämtern, dort drängten sich Franzosen, Deutsche und Briten mit ihren verschiedenen Vertretungen. Nirgendwo dürfte zugleich die internationale Spionage klein- und vielteiliger ausgeprägt gewesen sein als im Tanger dieser Zeit.

Als wir den das Ende dieser internationalen Zone (und den Beginn des früheren spanischen Protektorats) markierenden Grenzstein passieren, ist von der blendenden Frische der Hafenstadt und ihrer großstädtischen Gefülltheit nichts übriggeblieben. Ein paar Bäume an der Straße, ganz selten einmal ein Dorf oder ein Bauernhof, ansonsten roter Sand und Kakteen. Gelegentlich ein paar Esel und magere Kühe. Irgendwann kommen wir an einem weitläufig mit hohem Drahtzaun abgesperrten Gelände vorbei, auf dem ein paar richtig große Radarschüsseln stehen. Es ist das Gelände von »Voice of America«, das in der Zwischenzeit weniger als Sender, sondern als Abhörstation für die amerikanischen Geheimdienste wichtig geworden ist. Die Menge der von den USA weltweit erfaßten, kopierten und mitgeschnittenen Informationen ist gewaltig. In die Infrastruktur zur globalen Informationsbeschaffung investiert Amerika soviel wie kein anderes Land der Geschichte. Und diese Flut an Daten ist mit ein Grund für die katastrophalen Leistungen der amerikanischen Geheimdienste, denn über der Datenerfassung hat man völlig vergessen, auch die Fähigkeiten, sie zu verstehen und zu lesen, im entsprechenden Maße auszubilden. Man beschwört eine wahre Informationssintflut herauf, indem man jedes zweite Telefongespräch zwischen Pakistan und den Staaten mitschneidet, aber dann gibt es im ganzen Riesenapparat dahinter nur ein Dutzend Leute, die Arabisch können, und nur zwei, die Urdu verstehen, und einer von beiden ist seit einem Vierteljahr krank. Anders gesagt: Der Abteilungsleiter der Datenbeschaffer ist besser als der Abteilungsleiter der Datenrezipienten. Das Ziel amerikanischen Trachtens ist letztlich immer Massenproduktion, deswegen ist es ein Merkmal amerikanischer Politik, Mittel und Kräfte wenn möglich zu konzentrieren. Sobald die Politik von einer Sache überzeugt ist, werden systematisch unglaubliche Kapazitäten aufgebaut, aber unter Umständen denkt niemand an den Gesamtzusammenhang und die Wechselwirkungen, die einseitige Konzentrationen auslösen können.

Aber beeindruckend sind die riesigen Satellitenschüsseln mitten in der marokkanischen Einöde, diese atmosphärisch-symbolische Präsenz der militärischen Weltmacht, trotzdem. Amerikanisch eben.

* * *

Nach gut vierzig Minuten Fahrt erreichen wir schließlich Souk el Had, den Sonntagsmarkt. Daß wir hier unweit des europäisch geprägten Tanger sind, ist kaum zu glauben – wir sind weit und breit die einzigen Europäer, denn einzukaufen gibt es hier nur Dinge des täglichen Lebens, und was sollen Touristen mit denen schon anfangen?

Ich muß zugeben, daß ich nicht ganz sicher war, was ich

von der Aussicht halten würde, hier zu essen. Der Ansturm der Gerüche in der heißen Luft ist überwältigend, der Anblick der Menschen auf dem Markt bei ihrem Handeln und Treiben wirkt wirklich wie aus einer anderen Zeit, wenn sich auch recycelter Zivilisationsschrott unter die Waren gemischt hat. Gehandelt wird ansonsten, was hier wächst – Tomaten, Kartoffeln, Auberginen, Zwiebeln, Zucchini, Melonen und Trauben – die meisten Bauern haben von allem etwas. Die bunte Tracht der Bauern mit ihren halbmexikanisch anmutenden Strohhüten dominiert. Hans trägt wieder eine seiner Dschellabas, was ich in diesem Kontext eindeutig als städtische und formelle Kleidung erkenne. Ziemlich seit Beginn folgt uns ein kleiner Junge mit einem AC-Milan-Trikot und einem alten Schubkarren, der größer ist als er selbst. Hans kauft ein, legt die Waren auf den Schubkarren, Robert und ich hinterher. Einmal bin ich verschwunden, weil ich einen Nagelknipser erwerbe und mir respektvoll Zeit nehme, den besten der zwanzig auf einem Tuch ausgebreiteten Knipser zu ermitteln, indem ich anfange, mir die schon viel zu langen Nägel zu knipsen, was der Verkäufer sehr zu begrüßen scheint.

Dann kommen wir an einem Stand vorbei, an dem ein alter dürrer Mann ganze Fische in heißem Öl bäckt. Wir kaufen drei, als Appetithappen, wie Hans meint. Die Farbe und die Konsistenz ihres gelb-gräulichen Panats lassen sie irgendwie furchterregend aussehen, aber als wir später an einem Plastiktisch unter einem großen Zeltdach Platz nehmen, finde ich sie köstlich. In ihrem Inneren sind sie mit einer Kräutermischung gefüllt, die grünlich herausquillt, wenn man zu enthusiastisch hineinbeißt.

Ich begreife erst jetzt: Wir sind bei den Köchen von Hans' Vertrauen angelangt, und all die Zutaten, die wir eingekauft haben, werden jetzt für uns zubereitet. Der junge Kellner wäscht die Tomaten, schneidet sie, zerteilt den Ziegenkäse, den Hans vorhin gekauft hat, mit einem Messer, reibt köstliches grobes Salz darüber, von der roten, milden Zwiebel beißt man ab. Unser Salat. Dazu kleine, runde Weißbrote, grüner Tee. Währenddessen bereiten die Köche Hackfleischbällchen zu: Sie sind aber nicht rund und flach wie Fleischpflanzerl bei uns, sondern eher länglich wie Spindeln. Das gibt ihnen in der Mitte eine unwahrscheinliche Saftigkeit. Ich muß gestehen, selten so gutes Hackfleisch gegessen zu haben – das Fleisch ist so frisch, daß man es noch muhen hören kann.

Bevor er selbst zulangt, nimmt Robert ein Brot für den Jungen mit dem Schubkarren, stopft es mit Fleischbällchen voll, legt noch die Hälften einer Zwiebel dazu, und so hat dieser auch etwas zu essen. Dann macht Hans noch ein ebensolches Brot für einen uralten Mann, der an einem Baum gegenüber sitzt und armselige, schrumplige Äpfel feilbietet, für die sich niemand interessiert. Ich bringe ihm das Brot, er murmelt etwas aus zahnlosem Mund und steckt es sich in seinen zerlumpten Beutel.

Den Abschluß unseres Essens bilden zwei Honigmelonen. Kaum ist die erste Melone angeschnitten, tritt eine alte Bauersfrau an den Tisch – auf unserem Teller sind etliche der Fleischbällchen übriggeblieben, die sie mitnimmt.

Es geht schon gegen 14 Uhr, das Marktgeschehen löst sich langsam auf, auch unser junger Begleiter verläßt uns zögerlich, ich glaube, er hat sich neben dem Essen noch einen kleineren Geldbetrag erhofft, aber Hans entlohnt solche Gefälligkeiten, wie mir scheint, aus Prinzip immer in Naturalien, niemals mit Geld.

Robert und Hans gehen voraus, ich bleibe ein wenig zurück. Zwischen zwei Zelten stehen junge Burschen, die einen Joint kreisen lassen. Ich riskiere einen verweilenden Blick, und sofort ist einer von ihnen bei mir, nimmt mich am

Arm und bietet mir an, mir ein gehöriges Stück Chocolate zu besorgen, zu sehr günstigem Preis.

Ich lehne dankend ab, aber er sieht genau, daß ich es gar nicht so meine. In der Tat fände die Vorstellung, vom legendären marokkanischen Kiff endlich einmal selbst zu probieren, meine Zustimmung.

Selbstverständlich war mir auch in Rabat immer wieder alles Mögliche angeboten worden – von Gestalten allerdings, die grinsend aus dunklen Ecken hervortraten, um einen höchstwahrscheinlich so schnell wie möglich in das Gegenteil einer erfreulichen Geschäftsbeziehung hineinzuziehen.

Jetzt bin ich beinahe schwach geworden – und zwar gerade, weil ich mich, in Begleitung zweier äußerst versierter, absolut zuverlässiger Freunde und nach einem vorzüglichen Essen, stark und sicher fühlte. Zwar behauptete ich mit kurzfristig ungelenk gewordenem Französisch, kein Interesse zu haben, aber meine Körpersprache sagt etwas anderes. Es gibt für einen Dealer verbotener und gefährlicher Dinge und Dienstleistungen kein untrüglicheres Zeichen für ein mögliches Geschäft als jenen offensichtlichen Widerspruch, jenen Zwiespalt, der sich auf untrügliche Weise im Gesicht, darin vor allem in den Augen, widerspiegelt.

Nach vielleicht zehn Minuten bin ich wieder bei Robert und Hans. Hans will wissen, was es gegeben hätte, und ich sage in möglichst gleichgültigem Tonfall, daß mir etwas zum Rauchen angeboten worden sei. Was davon zu halten sei? Nichts, meint Hans mit strengem Ton, gar nichts. Finger weg. Grundregel: Von Leuten, die man nicht kennt, kauft man nicht.

Wir schauen uns die Straße der Metzger an. Die haben seit den frühen Morgenstunden Kehlen aufgeschlitzt und die Tiere danach zerlegt, zerhackt und verkauft. Die harte Arbeit, das frühe Aufstehen haben sie glücklich ermüdet, aber das Blut, das sie vergossen haben, verschleiert ihren Blick, sie haben alle etwas seltsam Somnambules an sich. Es gibt kaum mehr etwas zum Verkauf als ein paar Innereien, das eine oder andere größere Trum Rindfleisch oder auch gehäutete Ziegenköpfe, deren Augen dunkel im sehr weißen Kopffleisch liegen und glasig in den sich ausdehnenden, sommerlichen blauen Nachmittag lugen.

An der Eselsschmiede findet Hans im Sand ein altes, kleines Hufeisen, das er mir schenkt, »für deine Dorle!« Die an der Mauer auf letzte Kundschaft wartenden Schmiede wenden ein, daß ich lieber ein neues Hufeisen kaufen soll.

Dann brechen wir auf, um wiederum mit einem braunen Grand Taxi an die Küste zu fahren, ins südlich von Tanger gelegene Asilah. Auf dem ersten Stück ist noch eine junge Frau in lindgrünen Kleidern dabei, die wir nach einer Weile an einer staubigen Kreuzung herauslassen. Mit fünf bunten Plastiktüten beladen macht sie sich auf den Weg zu ihrem Dorf, das vielleicht hinter dem nächsten rotbraunen Hügel liegt. Sie war recht rund und sehr nett, und während ich ihr nachblicke, fällt mir zum ersten Mal auf, daß es selbst in der größten Einöde keine halbe Minute dauert, bis man irgendwo ein Stück weggeworfenes Plastik zu Gesicht bekommt.

Als ich Robert das sage, nickt er, »plastic is everywhere«. Das sei natürlich traurig, wir fänden Plastik zu Recht furchtbar. Die Bewohner der Slums weltweit würden diese Bedenken aber nicht teilen: Dort seien Plastiktüten ein wesentlicher Baustoff für die Hausdächer und aufgrund ihrer Dichte und Leichtigkeit sehr geschätzt.

Auf eine eigene Plastiktüte für jeden einzelnen Einkauf legt man in Marokko Wert. Das mag gerade dadurch unterstützt werden, daß es überall von ekelhaft schmutzigen Plastiktüten wimmelt, so daß der Anblick einer frischen Tüte, die der Kaufmann mit allem Respekt für seinen Kunden unter der Theke hervorholt, um den Einkauf zu verstauen, tatsächlich etwas Erfreuliches ist.

Mit der schönen neuen Tüte trägt man die eingekaufte Ware nach draußen und nimmt sie auf der Stelle heraus, um die Tüte sofort hinter sich auf die Straße oder die Erde sinken zu lassen.

***

Asilah, einen kleinen Hafen, der einst als Piratennest galt, erreichen wir gegen 16 Uhr. In einem spanischen Restaurant trinken wir erst Kaffee, dann besichtigen wir das Weiß-Blau ihrer direkt am Meer gelegenen Medina, die durch ihre wie aus einem magischen Ei gepellten Sauberkeit besticht. Der Bürgermeister von Asilah, der mittlerweile auch eine herausragende Rolle in der gegenwärtigen, als sozialistisch geltenden Regierung spielt, ist der größte Immobilienbesitzer der Stadt. Beim Marokkobesuch der Clintons, der ein paar Jahre zurückliegt, auf den man sich in den Medien aber immer noch auffallend gerne bezieht, vermittelte der Bürgermeister dem präsidialen Paar angeblich ein günstiges Anwesen in bester Lage mit Meerblick. Die Stille in diesen Gassen, unter diesem Himmel, an diesem Meer ist kühl und süß.

Auf einem aus der Stadt hinausführenden Felsvorsprung, von dessen Spitze laut Hans die Leute früher hinab auf die breit sich hinlagernden Felsen zu Tode gestoßen wurden, setzen wir uns. Auf der Felsspitze herrscht ein stetes Kommen und Gehen, die Leute lassen sich auf den steinernen Bänken nieder, bewundern das Meer und sehen den dunkelbraunen, zaundürren Jungs zu, die unentwegt von einer bestimmten Stelle auf der Mauer in die Fluten springen.

Robert hält eine kleine Siesta im Sitzen, Hans erzählt mir von seinen früheren Reisen im gesamten Mittelmeerraum, seinen Aufenthalten in Frankreich und Kreta, bis er eines Tages in den Westen des Orients, Marokko, gekommen sei.

Nirgendwo könne man eine solche individuelle Freiheit genießen wie hier, sagt er. Angesichts des Meeres, an dessen besonnten Klippen wir sitzen, möchte man glauben, er hätte Recht.

Zwischendurch sonnt man sich, und er plaudert immer wieder beiläufig mit den Leuten hier, manche kennt er schon lange. Schließlich führt er ein längeres Gespräch mit einem vielleicht achtzehnjährigen jungen Mann, der zwischendurch weg geht. Hans erzählt mir, daß er den jungen Mann kenne und er darum gebeten habe, mit uns nach Tanger fahren zu dürfen. Dann kommt dieser zurück, und sie unterhalten sich wieder. Daraufhin macht Hans eine kreisrunde Geste auf seinem Handteller, lacht und deutet schließlich auf mich.

Auf der Stelle bin ich hellwach. Hans ruft, ich solle ihm einen Fünfzig-Dirham-Schein geben, er würde noch etwas zu rauchen besorgen. Ich muß schlucken, jetzt ist es passiert. Aus heiterem Himmel. Ich fühle mich nicht in der Lage, das zu tun, was ich tun wollte: einen Rückzieher zu machen. Ich gebe ihm das Geld.

Der junge Mann, hochgewachsen, schlank, an den Seiten rasierte Haare, schmale, verspiegelte Sonnenbrille, ein schwarzes T-Shirt, gibt mir die Hand, schaut mich bittend an, wobei er seine Lippen zusammenzieht, als hätte er etwas Saures geschluckt, lacht dann, macht ein Victoryzeichen und schaut wieder recht bittend.

Du sollst ihm noch einen Zwanziger geben, damit er sich selbst auch etwas kaufen kann, meint Tischleder.

Ich gebe ihm den Zwanziger, der Junge schnappt sich das Geld, beugt sich grinsend herüber, reibt Daumen, Zeige- und Mittelfinger der rechten Hand aneinander und flüstert mir das Zauberwort ins Ohr: »Haschisch.«

Nach zwanzig Minuten fragt Robert, worauf wir eigentlich noch warten. Mittlerweile hat sich die Felsspitze ziemlich geleert. Hans erklärt ihm, was der Fall ist. Robert gibt keinen Kommentar ab. Ich bin furchtbar nervös. Plötzlich scheint mir jeder der immer weniger werdenden Besucher des Aussichtspunkts ein merkwürdiges Interesse an uns an den Tag zu legen, was natürlich kompletter Unsinn ist. Als der Junge (dessen Name ich nicht mitbekam) endlich zurück ist, scheint er einen merkwürdig unglücklichen Gesichtsausdruck zu haben. Er zeigt mir das Piece, das so groß wie eine kleine Walnuß ist, und ich, sehr irritiert, stecke es in die Vordertasche meines Rucksacks. Wenn sie uns schnappen, kann ich immer noch sagen, daß es nicht meins ist, denke ich.

Mit würgender Stimme und auf Deutsch frage ich Hans, ob alles in Ordnung und das Ganze eine gute Idee sei. Klar, meint der, kein Thema. Dann brechen wir zu viert auf, nehmen einen anderen Weg zurück, nicht am Meer entlang, sondern durch die Gassen der Medina. Ein anderer junger Mann, der die Szene beobachtet hat, folgt uns. Irgendwann bleiben wir stehen, und Hans ordnet an, daß das Material zu unserem Begleiter zurückzugehen habe, er solle bis Tanger die Verantwortung dafür übernehmen.

Das beruhigt mich einerseits, andererseits beunruhigt es mich auch, weil diese Vorsichtsmaßnahme von einem so erfahrenen Mann wie Hans sicherlich nicht ohne Grund getroffen wurde. Offensichtlich werden wir verfolgt. Ich bereue die ganze Aktion. Der junge Mann merkt, daß ich nervös bin, nimmt das Material zurück, wirft mir aber einen merkwürdig traurigen Blick zu, den ich mir nicht erklären kann.

Als wir aus der Medina treten, kommen wir an einem Polizisten vorbei, unser Begleiter geht doch tatsächlich auf ihn zu und fragt ihn irgendwas, dabei lacht er. Der Polizist sagt ein paar Worte zu ihm, macht aber nichts weiter. Mir wird ganz schwindlig. Dann suchen wir noch ein Café auf, bestellen Wasser und Kaffee, ich gehe händewaschen.

Auf der Toilette versuche ich mir die Sachlage zu vergegenwärtigen – daß alles, was jetzt folgen oder passieren würde, in meiner Verantwortung läge. Kaum unten, fordert mich der junge Mann auf, mit ihm etwas rauchen zu gehen, was ich mit kratzender Stimme ablehne. Ich werde keinen Schritt von Hans' Seite weichen und finde die Vorstellung, in einem öffentlichen Café einen Joint zu rauchen, grotesk. Jeder Krankenwagen, der vorbeikommt, läßt mich zusammenzucken. Ich bin in einer fürchterlichen Verfassung – die Paranoia hockt lässig auf einem Stuhl am Rand des Cafés, und ein einziger Blick würde sie auf den Plan rufen. Keine gute Verfassung, um zu rauchen.

Nach einer Weile kommt der Junge zurück, grinsend und ausgesprochen hektisch, setzt sich neben mich, will telefonieren. Hans leiht ihm kurz sein Handy, er spaziert vor der Terrasse auf und ab, damit ihn ja alle sehen können. Dann kommt er zurück, hat seine Mutter dran, die mit Hans sprechen will. Er unterhält sich auf Arabisch mit ihr.

Dann wird ein Grand Taxi gesucht und nach längeren Verhandlungen auf einem Parkplatz mit vielleicht fünfzehn Wagen eines gefunden. Unser junger Begleiter kommt zwischen Robert und mich auf die Rückbank. Er ist bekifft, raucht eine Zigarette nach der anderen, läßt seine Beine wippen und beugt sich ungefähr einmal pro Minute zu mir, macht wieder das reibende Zeichen mit den drei Fingern der rechten Hand und flüstert mir grinsend das Zauberwort ins Ohr. Dann versuchen wir uns über die Familie zu unterhalten, ich zeige meinen Ehering vor und seufze innerlich auf. Ich sehe Dorle vor mir, der ich geschworen habe, nicht einmal an Kiff zu denken. Für eine winzige Sekunde sehe ich sie, mit einem kleinen Jungen an der Hand, am Gefängnistor stehen und kann einfach nicht weiterreden. Ich würge das Gespräch ab und versuche, säuerlich zu grinsen. Das Grinsen vergeht mir, als wir an der ersten Polizeistreife vorbeikommen, die sich gerade einen frischen PKW herausgewunken hat. Der junge Freund deutet darauf und ruft das Zauberwort – dazu grinst er so abgebrüht wie möglich. Da er das bei jeder Polizeistreife macht und wir während der vierzig Minuten Fahrt an mindestens einem Dutzend davon vorbeikommen, beschließe ich, auf meditative Grundhaltung zu schalten.

Währenddessen wird Hans vorne neben dem Fahrer immer ärgerlicher: daß unser junger Freund unter der Nummer von Hans' Telefon zu erreichen ist, muß sich wie ein Lauffeuer unter seinen Bekannten herumgesprochen haben, denn das Handy klingelt alle zwei Minuten, und immer ist jemand anders dran. Hans tobt.

Der Fahrer bemerkt irgendwas dazu, der Junge schaltet sich ein, und es beginnt ein lautstarkes Gespräch auf Arabisch, aus dem ich immer wieder die beiden schäumenden Silben heraushöre. Offensichtlich weihen sie gerade den Fahrer ein. Es ist furchtbar.

Ohne Zwischenfall erreichen wir Tanger, die große Stadt. Es ist irgendwann kurz nach 18 Uhr, und die Straßen sind voller Menschen. Ich bin so erschöpft und eingeschüchtert, daß ich mich allen Ernstes für einen Moment frage, ob der Menschenauflauf Folge einer Demonstration, einer Hochzeit oder sonst irgendeiner öffentlichen Kundgebung ist. Natürlich nicht. Währenddessen entwickeln die übrigen Insassen des Taxis ihre eigenen Theorien, wie man am besten zur rue Velazquez kommt. Robert, der eine Verabredung um sieben hat, will gleich aussteigen, Hans einen anderen Weg als der Taxifahrer. Welchen Weg der junge Freund vorschlägt, kann ich nicht sagen. Der Fahrer wirkt recht übellaunig, als wir schließlich irgendwo im Gewimmel aussteigen.

Wir gehen einen steil abfallenden Boulevard hinunter. Überall Leute jeden Alters, die uns beobachten, die sich fragen, was da vor sich geht, wer man ist, dann verlieren wir uns zeitweise aus den Augen, einmal bin ich mir sicher, daß der junge Freund mit dem Material verschwunden ist, und fühle eine tiefe Erleichterung.

Doch ich habe mich getäuscht, er ist noch da, ist plötzlich neben mir und legt mir die Hand auf den Arm, »Fumer? Bien! Hasch-schisch ...«, dann fällt sein Blick auf eine hübsche Verkehrspolizistin, und er lacht anzüglich. Bislang ist alles gut gegangen – jetzt werden sie uns alle zusammen schnappen, kurz vor dem Ziel. Ich resigniere, sage kein Wort.

Hans bemerkt meine Angespanntheit. Was los sei? Ich meine nur, daß mich »das alles« einfach mitnehme, und er empfiehlt mir, die Ereignisse und die Menschen über mich laufen zu lassen wie Wasser. Ein meisterlicher Rat. Zwischendurch kaufen wir noch Brot und Confiseriewaren, große weiße Tüten, die der junge Freund trägt, ganz langsam senkt sich die Dunkelheit über das Gewimmel Tangers, überall neuerlich erwachte Umtriebigkeit, nie ermüdende Aufmerksamkeit – Leben. Ich versuche, so weich zu werden wie möglich, damit mich die bohrenden Blicke nicht töten.

Wir erreichen das Haus, betreten zu viert den Hausflur. Offensichtlich wird der junge Freund mit in meine Wohnung kommen, um dort mit mir zu rauchen, das ist meine Befürchtung. Statt dessen fordert ihn Hans auf der Treppe auf, mir das Piece zu geben. Er versteht nicht sofort, dann holt er es mit einem verlegenen Grinsen, eingewickelt in das Zellophan einer Zigarettenschachtel, irgendwo aus dem Inneren seiner Jeans, gibt es mir und folgt Robert und Hans nach oben. Ich bin allein, als ich meine Wohnung aufsperre.

Ich bin einerseits heilfroh, endlich zu Hause zu sein, andererseits aber auch total durcheinander und beschließe, mir die Shorts anzuziehen und zunächst die Terrasse aufzusuchen, um ein wenig mit dem Seil zu arbeiten. Ich habe es vernachlässigt, und das merke ich sofort. Nach fünf Minuten leichter Übungen zwischen den Wäscheleinen bin ich schweißnaß, nach fünfzehn Minuten höre ich dankbar auf, ich weiß genug, um festzustellen, daß ich nicht ganz auf der Höhe bin, angeschlagen, müde – aber eine Müdigkeit, die aus den Knochen kommt.

Als ich die Terrasse verlasse, steht Hans in der Tür seiner Dachgeschoßwohnung: Es ist merkwürdig, ihn im Bademantel zu sehen, der, anders als die wallende Dschellabah, seinen Körper nachzeichnet, die kurzen, stoppeligen Beine aber frei läßt. Er wirkt so massig wie ein alter Boxer aus einer längst verschollenen Gewichtsklasse; die Art, wie er ständig eine Zigarette in der Hand hält, kenne ich von Bauarbeitern. Die feuchten Haare hat er glatt nach hinten gekämmt: Die Energie des ganzen Körpers scheint sich auf seinem zum ersten Mal frei und offen daliegenden Gesicht abzuspielen, alles ist von solch pulsierender Beweglichkeit und Ausdrucksfähigkeit und Leidenschaft und dabei so spielerisch entspannt, daß es für einen Moment unheimlich zu flimmern beginnt. Hinter ihm am Tisch sitzt unser junger Freund, auch er in einem Bademantel, und wenn er je etwas von einem durchgedrehten und gefährlichen Kriminellen gehabt hat, dann ist es von dem weißen Frottee getilgt worden. Ich nicke ihm zu, und dann fällt mir ein, daß ich immer noch nicht weiß, wie er heißt.

Sie hätten erst mal geduscht und wollten gerne noch etwas zum Rauchen haben, sagt Hans. Also gehe ich, ohne zu zögern, die zwei Stockwerke hinunter, zerbrösele das Material und komme mit einem großen Brocken wieder zurück, drücke ihn dem Boxer in die Hand und sehe zu, daß ich verschwinde. Ich solle nachher doch mal hochschauen, ruft er mir hinterher, ja, rufe ich, klar.

Montag, 20. September

Komme von meinem »Hochschauen« sehr spät zurück, erst gegen 3 Uhr morgens. Hans war auf eine Weise in Fahrt, wie ich das noch selten bei jemandem erlebt habe. Ich habe mich bemüht, genau zuzuhören und mich nicht davon irritieren zu lassen, daß man eigentlich die Grundperspektive seiner Erzählung von der Geschichte Tangers in den schwungvollen Gedanken fassen kann, daß die Römer die Hafenstadt Tingis letztlich nur deshalb gegründet hätten, um ihm, Hans, im obersten Stock dieses auf einem mächtigen Felsen von spanischen Bauherrn zu Beginn des Jahrhunderts errichteten Gebäudes schließlich eine trutzburgartige Wohnung zu geben.

Großer Reisender einerseits, Werbechef einer Frankfurter Versicherung andererseits, rief ihn ein Traum vor fünfzehn Jahren dazu auf, seine Karriere aufzugeben und nach Tanger zu gehen. Dort findet er über Nacht seine Wohnung, unten ist das Lokal zu übernehmen – ein zweites Leben beginnt, das er damit zubringt, alles über Marokko und Tanger zu lernen und zu sammeln, was ihm unterkommt. Da sich alles um ihn dreht, sich um ihn aber Tanger dreht, dreht sich die Welt im ganzen um Marokko. Er ist wie eine kleine, lokale Naturgewalt.

Über die Vorkommnisse des Tages reden wir kaum, das würde die fortdrängende Energie zu immer neuen Details seines Universums sowieso nicht dulden, und ich bevorzuge es, meine eigenen Schlüsse zu ziehen. Die einzige Frage, die ich ihm stelle, ist folgende: »Wußte der Taxifahrer, daß wir den Krümel dabeihatten?« – »Nein, wieso?« – »Ich dachte nur, vielleicht ...« – Er blickt mich fassungslos an. Er hat überhaupt nicht mitbekommen, daß ich deswegen nervös war. Mir wird langsam klar, wieviel ich nicht begriffen und völlig falsch eingeschätzt habe. Das Ausmaß meiner Aufregung stand in keinem Verhältnis zur tatsächlichen Situation. Mein Verhalten gegenüber dem jungen Freund aus Asilah muß für diesen sehr irritierend gewesen sein. Es tut mir leid, daß ich nicht netter zu ihm war.

Aus unruhigem, dämmerndem Halbschlaf reißt mich dann um acht Uhr ein Klopfen. An der Tür steht das alte Männlein aus dem Café mit einem Tablett, darauf mein Frühstück, Milchkaffee und ein Pain au Chocolat.

Als ich ihm morgenverwirrt Geld geben will, winkt er ab und weist mit dem Finger nach oben, murmelt mehrmals das Wort »'Anss« (d.h. Hans), dreht sich um und geht die Treppe hinunter. Zwar wäre ich zweifellos später selbst hinuntergegangen, um mir ein Frühstück zu organisieren – jetzt fehlt mir der Appetit, aber das kann kein Grund sein, den Kaffee, den Hans mir also spendiert hat, kalt werden zu lassen.

* * *

Bringe das Tablett gleich zurück und bestelle mir, aus einer deutlichen Schwäche heraus, noch einen Kaffee. Tanger zehrt an meinen Nerven. Während das Männlein auf seine unvergleichlich elegante, gleichsam mit den Dingen und Stoffen *fechtende* Art an der Maschine hantiert, studiere ich nebenbei den Raum: der übliche Bollywoodfilm auf der Großleinwand über dem Eingang, aber es sind viel mehr Frauen als sonst, die in den sehr tiefen, mit grau gewordenem gelben Leder bezogenen Couchsesseln warten. Ein geschmeidiger Mann tritt an mich heran und meint, er freue sich, mich wiederzusehen, er wisse schon, ich wohne seit neuestem im Haus gegenüber, und wenn ich wolle, könne mir auch eines der Mädchen den Kaffee hochbringen.

Ich kann mich gerade noch zurückhalten, rein interessehalber nach dem Preis zu fragen, und schüttle nur müde den

Kopf, dann gebe ich dem alten Männlein hinter der Theke ein (zu) hohes Trinkgeld und verlasse das »Café des L'Echiquiers«.

* * *

Bin dann kurz oben, um mich von Robert zu verabschieden, der heute nach London zurückfliegt. Bis gegen 14 Uhr arbeite ich mäßig und beschließe dann, einkaufen zu gehen, um zu kochen. Ich nehme den schnellsten Weg in die Kasbah, um mir Eier und Knoblauch für ein Omelett zu besorgen, dazu noch eine Gurke als Salat, ein wenig Obst und Brot. Zwar finde ich relativ schnell alles, was ich brauche, aber nicht den Weg zurück in die rue Velazquez.

Immer wieder komme ich mit meinen Plastiktüten an dem Uhrengeschäft vorbei und starre grimmig auf die drei schönen Modelle im Schaufenster, bevor ich einen neuerlichen Versuch unternehme, nach Hause zurückzufinden. Schließlich, nachdem ich mindestens eine Stunde herumgeirrt bin, erkenne ich meinen Fehler, bin unten am Hafen aus der Medina kommend stets eine Straße zu früh abgebogen.

Nach dem Essen lege ich mich hin. Erwache gegen 18 Uhr und erlebe einen deprimierten Tiefpunkt meiner Stimmung, der mir unerklärlich ist. Beschließe, noch einen Tag zu verlängern. Dann kurz draußen, für einen Anruf in Rabat, Dieter von der Verlängerung verständigen, und einen bei Dorle. Erfahre dabei, daß NPD und DVU bei den Landtagswahlen in Brandenburg und Sachsen zehn Prozent erreicht haben.

Später am Abend mache ich mich auf die Suche nach einer Flasche Rotwein, finde nichts, frage ein paar Leute, die es auch nicht wissen, werde schließlich zu einem Imbiß geschickt, wo man mich aber nicht beachtet. Plötzlich werde ich von einem ein wenig älteren Mann angesprochen, der mir fünf Minuten gefolgt ist, weil er sich schon gedacht hat, daß ich nichts kriegen würde. Er wüßte, wo es Wein gibt.

Tatsächlich bringt er mich im Handumdrehen zu einem Laden mit der üblichen Auswahl marokkanischer Cabernets. Ich nehme eine Flasche. Mein Begleiter hat draußen gewartet und freut sich über fünf Dirham.

Wenn man genau hinschaut, dann sieht man, wie viele solcher Mini-Deals überall ablaufen: daß der eine dem anderen hilft oder etwas für ihn organisiert. Die Beweglichkeit auf den Straßen rührt nicht daher, daß die Leute gerne spazierengehen. Sie sind alle unterwegs, auf der Suche und darauf angewiesen, etwas zu finden, einen Kontakt, eine Gelegenheit. Verheißungsvolles, nächtlich glitzerndes, gefährliches Tanger – einer Zwischenwelt gleich, einem großen Wartesaal. Naturgemäß gibt es dort alles zu kaufen, jede Dienstleistung, zumal für denjenigen, der reich ist. Tanger fragt dich immer, was du suchst – und besser, du weißt es.

Dienstag, 21. September

Um acht Uhr klopft das Männlein und weckt mich zu einem strahlenden Tag, voll von Sonne und Wind und jener köstlichen Frische, die den Norden Marokkos für Europäer wohl schon immer so besonders angenehm gemacht hat. Tanger am Morgen ist ein Versprechen, auch wenn man nicht ganz auf der Höhe ist wie ich.

Ich habe mir aus Hans' umfangreicher Bibliothek zwei Bücher über die marokkanische Eisenbahn geliehen, dazu ein wissenschaftliches Standardwerk, eine französische Habilschrift über »L'Allemagne et le Maroc« – ich markiere die Seiten, die mich interessieren und die Hans' Assistent Mohammed für mich kopieren soll, aber mehr will mir irgendwie nicht gelingen.

Dafür aber, während ich zwischendurch deprimiert auf dem Balkon in der Sonne sitze, finde ich wohl endlich so etwas wie einen ersten, langersehnten Zugang zu »Lost/Fund«, meinem Erzählungsband, mit dem ich eigentlich schon in ein paar Monaten fertig sein muß. Es sollen sieben Geschichten sein, und jetzt habe ich, durch die Umstände hier, zumindest eine Idee für das Ende einer der Geschichten bekommen. »Regentropfen in Tanger«. Zwar ist noch immer kaum etwas niedergeschrieben, aber diese eine, vage Idee ist zumindest schon da. Bin auf einmal so aufgeregt, dass ich es keine Sekunde länger am Schreibtisch aushalte.

Bei einem Spaziergang komme ich wieder an dem Uhrenladen vorbei – kann mich aber nicht entschließen zuzuschlagen. Bin überhaupt in einer seltsamen, unentschlossenen Stimmung. Mache einen größeren Bogen bis runter zum Bahnhof.

Am späten Nachmittag treffe ich Hans auf der Terrasse – er erzählt, er habe ein paar Mal jemanden vorbeigeschickt, es habe mich allerdings niemand angetroffen. Ich gebe an, spazieren gewesen zu sein. Zwar habe ich keine rechte Lust, aber ich bringe es nicht über mich, die Einladung, mit ihm essen zu gehen, auszuschlagen.

Rabat

Passage 22./23. September

Mittwoch, 22. September

Beim letzten Aufwachen in Tanger begreife ich meine gestrige Niedergeschlagenheit – ich werde krank. Verschiedene Unstimmigkeiten im Verdauungstrakt, Kopfweh, leichter Schwindel.

Nach dem Milchkaffee, den mir das Männlein aus dem Mädchencafé hochbringt, geht es etwas besser, und ich begleite Hans und seinen Adlatus Mohammed noch ins Gefängnis von Tanger, ins »Hôtel cinq étoiles« wie Hans dem Taxifahrer begeistert zuruft. Hans möchte einem Bekannten, der einsitzt und ihn um Hilfe gebeten hat, ein wenig Geld bringen. Wir warten im Innenhof des Gefängnisses, in dem ein recht lebhafter Verkehr herrscht, auf den Direktor. Leider ist nichts zu machen, nur Familienangehörige dürfen zu den Gefangenen, wobei – wie man Hans zu verstehen gibt – der Beweis solcher Verwandtschaft sowohl durch Familienpapiere als auch durch Papiere mit dem Portrait des Königs darauf zu erbringen wäre. Hans verzichtet. Im Taxi erklärt mir Mohammed, daß alle, die öffentliche Ämter innehaben, den weit höheren Teil ihres Einkommens nicht vom Staat, sondern aus dem ihnen anvertrauten Amte selbst beziehen. Das geht so weit, daß das Wort für »Öffentliche Kasse« als Synonym für »Diebstahl« benutzt wird. Anstatt sich aber dagegen zu empören, sagt Mohammed lachend, fragen sich die meisten Marokkaner nur, warum Gott nicht so freundlich war, ihnen auch ein solches Amt zur Verfügung zu stellen. Wir lachen herzlich. Als wir mit dem Taxi in die rue Velasquez einbiegen, erzählt mir Mohammed grinsend, daß diese Straße, die früher einmal die rue Velasquez war, mittlerweile aber einen offiziellen arabischen Namen hat, im Sprachgebrauch echter, alteingesessener Tangerianer die *Straße des Teufels* genannt werde.

Abschied von Hans ohne großes Getue, einfach auf der Straße, an der Place de Paris: ein letzter Blick auf Europa, dann geht es zurück nach Rabat. Abfahrt Tanger-Ville um 14 Uhr, mit Umsteigen in Sidi Kacem um 16 Uhr 43.

* * *

Gutes altes Rabat! Die Ankunft in seiner dämpfigen Leere gefällt mir sehr gut – wie still diese Stadt doch ist, wie ein Kurbad, das ist der erste Eindruck nach den aufregenden Tagen in Tanger. Die klare Assoziation, daß Rabat in Lage, Funktion und Charakter eigentlich Bonn gleicht, unserer alten westdeutschen Hauptstadt am Rhein.

Im Hotel Bélère teilt man mir mit, daß kein Zimmer für mich zur Verfügung stehe, die letzte Ladung Busreisender (aus Italien) sei umfangreicher gewesen als erwartet, und daß ich deshalb für einen Tag in das »Hotel Oudima« auszuweichen habe. Ich lasse mich in ein Taxi verfrachten, das mich fünf Minuten später im Diplomatenviertel Agdal absetzt – ganz andere Gegend, weitläufiger, von mittelgroßen Neubauten mit viel Glas geprägt, Konferenzgebäude, meist ohne Konferenzen.

Das Hotel Oudima (obgleich zur selben Kette wie das Bélère gehörend) ist zwar heruntergekommen, bietet dafür aber eine interessante Sammlung klassischer Hotellerie-Gestalten: der dicke Patron und seine ihm in Körperfülle nacheifernde

Tochter, die mir erklärt, daß zufällig und unglücklicherweise heute, eine Stunde vor meiner Ankunft, die Warmwasserversorgung zusammengebrochen sei. Der pummelige Groom; der faule dürre Kellner mit melancholischem Blick, der ständig vom Chef der Bar angeschrien und beschimpft wird, sich dadurch aber überhaupt nicht aus der Ruhe bringen läßt.

Mein Zimmer besitzt eine eigene Terrasse, was mich begeistert. Obwohl man auf arabischen Terrassen niemals Gartenmöbel in unserem Sinne hat, zwinge ich kurz nach dieser Entdeckung den pummeligen Groom, der eine rote Uniform trägt, einen Tisch und einen Stuhl aus dem Innenhof des Hotels nach oben zu schleppen. Als er wieder verschwunden ist, sehe ich ein, daß diese Möbel hier nichts verloren haben, und schleppe sie meinerseits zurück ins Zimmer: Hier geben sie, in die Nähe der einzigen verfügbaren Steckdose gerückt, einen sehr brauchbaren Schreibtisch ab. Nach dieser Aktion bin ich schweißgebadet und beschließe, eine Dusche zu nehmen. Nach fünf Minuten sehe ich ein, daß es kein Warmwasser geben wird. Das kalte fühlt sich schrecklich an; vielleicht habe ich Fieber.

Kurzes Telefonat mit Dorle. Alles in Ordnung mit ihr und unserem Sohn. Dorle erzählt mir, daß man auf dem Ultraschall ganz deutlich sehen konnte, daß er die meiste Zeit lacht. Auch Dorle selbst ist wohl in glänzender Verfassung.

Bei mir allerdings geht es praktisch von dem Moment, in dem ich mit ihr telefoniere, bergab – ich lege auf und bekomme einen fürchterlichen Niesanfall. Als ich schweißnaß und mit zugequollenen Augen die nächste Pharmacie aufsuche, entdecke ich, daß Produkte gegen Erkältungen offensichtlich das Gros des Umsatzes ausmachen, es gibt eine überwältigende Auswahl, so daß es mir leicht fällt, mich einfach auf Aspirin zu beschränken. Bin fest entschlossen zu arbeiten. Muß den Rückstand aufholen.

Donnerstag, 23. September

Die Krankheit beschränkt sich glücklicherweise auf die Atemwege und den Kopf, allerdings bricht mir bei der kleinsten Gelegenheit kalter Schweiß aus. Arbeite den ganzen Tag im Hotel, das viel ruhiger liegt als das Bélère, und beschließe, nicht sofort wieder umzuziehen, wie es eigentlich ausgemacht war. Als ich dem Bélère das telefonisch mitteile, zeigt sich der Concierge schockiert.

Abends besuche ich Rachid in der Teleboutique, um ihm mitzuteilen, daß ich bis Dienstag in Marrakesch sein werde.

Danach das erste Treffen mit den sehr netten Kollegen, die gestern angekommen sind. Auch sie sind vom Goethe-Institut eingeladen, die letzten Wochen werden wir gemeinsam verbringen, es sind zwei, ein Dichter und ein Fotograf. Den Fotografen Michael Danner (aus Berlin) hat es auch schon gleich erwischt: Beim Fotografieren irgendwo in einem Außenbezirk Rabats streifte seine Kamera offensichtlich eine Polizeiwache, und der dortige Vertreter der Geheimpolizei ließ ihn auf der Stelle festnehmen und zu seinen Absichten befragen. Er hatte überdies auch noch Pech mit einem Teil seines Gepäcks, das nicht in Casablanca am Flughafen war – es soll aber stündlich eintreffen. Diese beiden Ereignisse ausgenommen, ist er in fabelhafter Stimmung.

Der zweite ist Matthias Göritz, ein gelehrter Dichter, wir kennen uns flüchtig seit ein paar Jahren; er ist ein alter Hamburger, hat die Hansestadt aber, nach einem längeren Amerikaaufenthalt, wo er eine Dozentur inne hatte, gerade verlassen und in Frankfurt Wohnung genommen. Und jetzt zwischendurch noch ein Arbeitsstipendium in Marokko!

Wir beide werden gemeinsam die Lesungen, die nun Schlag auf Schlag kommen, bestreiten. Zusammen mit der ausgesprochen netten und immer noch strahlenden Praktikantin Julia, die auch mit nach Marrakesch kommen wird, gehen wir essen. Es ist schön, in aller Ruhe zusammenzusitzen und zu hören, was den anderen in deren ersten Tagen so aufgefallen ist. Matthias hat eine Nekropolis für sich entdeckt, auf der sich in den Abendstunden wohl tausende Störche versammeln.

Abgesehen davon, daß wir eine Menge Spaß haben, empfinde ich die Tatsache, daß da auf einen Schlag noch zwei, drei andere sind, die eigene Beobachtungen anstellen und ihre Schlußfolgerungen daraus ziehen, als ausgesprochen anregend.

Es wäre auch allzu leicht, jetzt den marokkoerfahrenen Reisenden zu spielen, da alles, was die beiden noch irritiert und beschäftigt, mir nicht nur schon vertraut ist, sondern auch recht harmlos vorkommt. Die Freundlichkeit, mit der mir die Dinge und Menschen auf einmal entgegenleuchten, sollte mir Ansporn sein, ebenso freundlich zurückzublicken. Das Abtauchen im Strudel von Tanger war hervorragend, es hat mich durch und durch geschüttelt und schließlich doch wieder sanft an den Strand gespült. Es war ein phantastischer Ritt. Auch wenn ich mir einen Schnupfen dabei geholt habe.

Fieber in Marrakesch

Freitag, 24. – Montag, 27. September

Unsere Reisegruppe umfaßt neben Michael, Matthias und mir noch das Ehepaar Strauss und Julia, die Praktikantin des Instituts. Es ist für alle äußerst angenehm, die Sorge ums Gepäck mit den Reisegefährten teilen zu können. Das Reisen in der Gruppe beschränkt, weil man nicht mehr Herr über Zeit und Abläufe zu sein scheint, und schenkt gleichzeitig Sorglosigkeit.

Die Strecke führt durch rot-braune Einöden, meist sanft hügelig und vollkommen verlassen oder besser, noch nie besiedelt. Ganz selten einmal ein Mensch auf einem Eselchen, ein Dorf oder ein einzelner Bauernhof. Die Straussens berichten, daß diese Öden im Frühling, wenn es geregnet hat, von Blumen überschwemmt seien, die in allen Farben blühten. Weder das eine, das Blütenmeer, noch das andere, den Regen, mag man nach den reichlich fünf Stunden Fahrt durch ausgedörrte Landstriche glauben.

Die Ankunft in Marrakesch. Nach den zwei Tagen Rabat wieder ein Schock. Allerdings von einer, wenn man das sagen kann, gänzlich anderen Farbe als Tanger – ein kleiner, aber wuseliger Bahnhof, wie der Rest der Architektur rotbraun, davor eine große, lärmend befahrene Straße. Vielleicht das Wichtigste: eine ganz andere Luft. Zum ersten Mal bin ich weit entfernt von jedem Wasser – nahe der Wüste, und die Luft ist trocken, süßlich. Wahrhaft heiß.

Wir sind in dem noch am Bahnhofsplatz liegenden Ibis-Hotel untergebracht. Die sich auf den ersten Blick andeutende Luxuriosität verliert sich beim Betreten der winzigen klimatisierten Zimmer. Öffnet man das schmale Fenster, dann nimmt der Raum sofort lebhaftesten Anteil am Geschehen auf der sechsspurigen Straße. Das Telefon geht nicht. Aber die heiße Dusche im wunderschönen Bad ist herrlich, auch wenn das fiebrige Moment der letzten Tage sich zu einem flächendeckenden Fieberband um meinen Körper verdichtet hat. Ich komme aus der Dusche, und mir bricht sofort wieder der Schweiß aus.

Um 19 Uhr bestreiten Matthias Göritz und ich eine Lesung im Goethe-Zentrum von Marrakesch. Zuvor folgen wir alle der Einladung eines seit vierzig Jahren hier ansässigen deutschen Malers, Hans Werner Geerdts, der ursprünglich aus Kiel stammt und der in der Altstadt seit vielen Jahrzehnten ein Haus besitzt. Dazu dirigieren wir die Taxis zur populärsten Destination aller Marrakeschreisenden – dem *Djemma El-Fna*, einem großen Platz, von dessen nächtlichem Leben man sich Wunderdinge sagt. In der Altstadt verlaufen wir uns dann, klopfen an falsche Türen, man telefoniert, und schließlich werden wir von Geerdts, der einen Stock benutzt, ansonsten aber noch ganz gut in Form scheint, persönlich abgeholt und zu seinem Haus gebracht, der Weg ist für keinen von uns auch nur irgendwie nachvollziehbar – ganz still sind die Gassen, eng, dunkel, manchmal eher Kanälen gleich und dann wieder überstrahlt von wunderbarstem Blau. Schließlich erreichen wir sein Haus, betreten einen begrünten Innenhof, um den herum sich einzelne über Treppen und Balkone zu erreichende Zimmer gruppieren. Wir lassen uns alle in einem Wohnzimmer im Obergeschoß nieder. Ich sehe die erste marokkanische Hauskatze, die zufrieden auf einem Polster liegt und sich leicht widerwillig von Julia und Michael streicheln läßt. Ich komme nicht in ihre Nähe, habe dafür den Topf mit Süßigkeiten direkt vor mir stehen.

Geerdts serviert uns Minztee und Gâteaux Marocains, das sind die traditionellen Produkte der einheimischen Confiserie: Sie sehen aus wie etwas größer geratene, üppige Weihnachtsplätzchen, einladend kompakt, mit Früchten und Nüssen gefüllt, in verschiedenen Farben und Formen. Sie sind uns Mittagessen und Vesper in einem.

Im Laufe der Jahre hat Geerdts mehrere Häuser dazugekauft, eines davon aber vor einer Weile an einen langjährigen Mitarbeiter verschenkt, der jetzt dort mit seiner Frau der Geburt seines ersten Kindes entgegensieht. Geerdts erzählt nebenbei, daß er sich überlegt habe, doch noch zum Islam überzutreten, denn er wünsche sich nirgendwo anders begraben zu werden als in Marrakesch.

Wie man denn Moslem werden könne? fragt Direktor Strauss. Nun, das sei ganz einfach, erwidert Geerdts mit einem halb listigen, halb altersmilden Lächeln, man müsse nur in Anwesenheit eines Imam fünfmal bestätigen, daß es keinen Gott außer Gott gibt und daß Mohammad sein Prophet ist.

Dann zeigt er uns sein Haus, seine Ateliers, seine Sammlung eigener Werke. Interessant finde ich seine Produktion von Schiefertäfelchen, auf denen er mit einem Spachtel weiße Farbe aufträgt – er erzählt, daß er hier gleichsam die in Japan von ihm studierte Kunst des Tuschepinsels, die ihm zu langweilig gewesen sei, auf die Spachteltechnik übertragen habe. Er hat eine ganze Kiste davon, sie kosten pro Stück nur hundertfünfzig Dirham.

Die Häuser sind äußerst beeindruckend, die kleinen Treppen und Durchgänge, die sich überall ergeben, ahmen das Gewirr der Gassen in einem Mikrouniversum nach; die Prächtigkeit der Räume, die sich alle auf den Innenhof öffnen, läßt den Besucher jedesmal aufs neue staunen.

Dann machen wir uns alle mit Geerdts auf den Weg zur Lesung, kommen zunächst durch den Soukh, wo ihm der eine oder andere der Händler etwas zuruft. Geerdts, schlohweiß, mit gepflegtem Kinnbart, auf seinen Stock gestützt, aber durchaus noch mit Haltung, weiße Hose, blaues Hemd und weißer Seidenschal, und einem nicht mehr ganz spitzen, gleichsam von der zuckersüßen Luft der Wüste im Laufe der Jahre abgeschliffenen norddeutschen Stein in seiner Sprache, erinnert eher an den Besitzer einer Segelyacht, von dem man wirklich nicht sagen kann, welche Welle ihn hier einstmals fern des Meeres abgesetzt hat. Mit dieser Kleidung ist er hier genauso auffallend wie Hans in Tanger, der nur mit Dschellabah herumläuft.

Während der Autofahrt zum Goethe-Zentrum, das sich in einem prächtigen Haus, allerdings im Souterrain, befindet, bin ich noch einmal von der schieren, aber ganz und gar orientalischen Urbanität der Stadt beeindruckt. Zahlreiche Paläste, Gärten und Parkanlagen, alles in Schuß. Auffallend auch die hohe Touristendichte.

Marrakesch ist die alte Königsstadt, nach der das Land selbst benannt wurde. Während die Europäer in Tanger Architektur und Straßenbild stark geprägt haben und Rabat zu großen Teilen eine vielleicht typische Verwaltungs- und Beamtenstadt aus den fünfziger und sechziger Jahren ist, ist Marrakesch als mittelalterliche Großstadt beeindruckend. Auffällig ist dabei ein routinierter Umgang mit den Touristen – der Jet-Set hatte Marrakesch in den siebziger und achtziger Jahren auf seiner Landkarte und es zu so etwas wie einem Ibiza der Wüste gemacht. Inzwischen ist es der Massentourismus, der das Geld bringt, und das scheint ganz gut zu funktionieren. Ein bißchen wie in Italien oder auf Mallorca.

Die Lesung ist gut besucht, etwa fünfundzwanzig junge Männer sind da, unter denen drei bis vier ältere Männer sitzen, Schüler und Lehrer. Keine einzige Frau, die nicht zu uns gehören würde.

Vorne sitzen Geerdts und die anderen unserer Reisegruppe. Wir werden vom Leiter des Zentrums, einem freundlichen Herrn von vielleicht Mitte Vierzig, begrüßt. Dann soll ich zunächst aus dem Tagebuch lesen. Ich hatte mir ehrlich gesagt nicht viel dabei gedacht, als mir im Zuge der Vorbereitungen mitgeteilt wurde, daß wir Lesungen abhalten würden. Lesungen sind tägliches Geschäft, und wenn man gerne vorliest, können sie das reinste Vergnügen sein.

Anders als bei den beiden Lesungen in der nächsten Woche würde hier in Marrakesch nur auf Deutsch gelesen werden, da die Übersetzungen ins Arabische noch nicht fertig sind. Nun lese ich also vor, was ich vor zwei Wochen geschrieben hbe. Ich beginne mit dem Anfang.

Die Schüler im Publikum sind sehr aufmerksam, aber vollkommen regungslos, die älteren Männer, die Lehrer, äußerst freundlich, vorbildlich konzentriert, erwartungsfroh. Man muß sich das einfach vorstellen – fünfundzwanzig junge Männer, die sich die Mühe machen, Deutsch zu lernen, die von ihren Lehrern gebeten und ermahnt wurden, auch ja zur Lesung mit den Gästen aus Deutschland zu kommen, und dann liest ihnen ein in Bayern geborener Wahlhamburger, der vorher aber in Berlin gelebt hat, etwas über Impfungen und Steuererklärungen und danach über die Ankunft im stinklangweiligen Rabat vor, wo jeder in Marokko wahrscheinlich weiß, daß in Rabat nicht viel los ist. Ich versuche, ganz ruhig zu bleiben, den Blick fest auf das Manuskript gerichtet, nur auf die Grammatik der Sätze zu achten und darauf, möglichst langsam und mit freundlich-sachlicher Intonation zu sprechen. Selten habe ich deutlicher gespürt, was es an inneren Spannungen mit sich bringen kann, als Mensch mit einem Text so innig verbunden zu sein und mit ihm identifiziert zu werden, wie bei dieser Lesung.

Unmittelbar nachdem ich zu Ende gelesen habe, meldet sich einer der älteren Männer. Er spricht sehr gut Deutsch und beschuldigt mich einerseits, mit Vorurteilen nach Marokko gekommen zu sein, andererseits sei auch vieles sachlich einfach falsch. Als ich nachfrage, was er damit meine, sagt er, daß die Analphabetenrate bei weitem niedriger sei und daß es auch nicht wahr sei, daß die Leute etwas gegen das Lesen hätten. Die Marokkaner würden sehr viel lesen. So könne man außerdem nicht einfach über ein ganzes Land schreiben. Müllhaufen gäbe es auch in Deutschland.

Ich nehme es zur Kenntnis, gebe aber zu bedenken, daß ich nur aufgeschrieben hätte, was ich gehört und gesehen hätte, daß man niemals ganz ohne Vorurteile sein könne, daß ich der Unterstellung einer böswilligen negativen Tendenz in meinen Aufzeichnungen aber deutlich widersprechen müsse.

Der Leiter des Instituts versucht zu vermitteln und meint, es gäbe Autoren, wie zum Beispiel Shukri, deren neue Bücher nach Erscheinen binnFen Stunden ausverkauft seien, und andere, die weniger reizvoll und abgehobener seien. Deren Bücher wolle man verständlicherweise nicht lesen.

Ich gebe ihm recht und bitte die Zuhörer, im Zweifelsfall die Fortsetzung des Tagebuchs zu studieren, um sich davon zu überzeugen, daß ich auch ganz andere Dinge erlebt hätte – das Projekt könne aber nur gelingen, wenn auch die Frustrationen des Anfangs mit derselben Sorgfalt festgehalten würden wie die Momente der Einsicht und des Verstehens. Ich glaube, das wurde schließlich akzeptiert.

Ich bin dann wirklich erschöpft und sehr froh, als Matthias Göritz an die Reihe kommt. Er hat sehr schöne Gedichte ausgesucht, liest gut und bestreitet im Anschluß dann ein gelehrtes Gespräch über das Wesen seiner und der Lyrik im ganzen – es fallen auch die Namen arabischer Dichter, wie Adonis und Abu-Nuwas, die er studiert hat und zu denen er seine Arbeit in Beziehung setzen kann.

Die Zuhörer freuen sich sichtlich nicht nur über den Wohlklang seiner Gedichte, sondern auch über solche Belesenheit von seiner Seite.

* * *

Nach dem späten Abendessen mit der Reisegruppe, in einem Gartengrillrestaurant, fahren Julia, Matthias und ich noch zum großen Platz und drehen eine Runde.

Das Geschehen bleibt unüberschaubar, ein Gewimmel in Kreisen, die sich um Musikgruppen, Komiker und Gaukler scharen wie Blüten auf einem Teich. Im hinteren Teil sind Garküchen mit Bänken und Tischen aufgebaut, es duftet nach allem möglichen scharf Gewürztem und Süßem, es zischt und brutzelt.

Suche dann noch den Hotelgarten auf, um zu sitzen. Nach etwa zehn Minuten stürmen ca. zehn Jugendliche, Mädchen und Jungen zusammen (was ich hier so überhaupt noch nirgends erlebt habe), den Pool. Ich sitze hinter einem Baum, mit dem Rücken zum kreischenden Geschehen. Ich verstehe, wie üblich, kein Wort, aber es ist kein Arabisch, das Nicht-Verstehen ist viel vertrauter. Als ich ein wenig genauer hinhöre, erkenne ich, daß es sich um Türken handelt. Das wirkt auf mich alten Neuköllner elektrisierend heimatlich – glasklar, anders als Arabisch bzw. der hier gesprochene marokkanische Dialekt, es ist wie ein Sprung in eine ganz andere Flüssigkeit, ein Sprung mit dem Gehör.

Als ich über die Terrasse die Lobby betrete, fällt mein Blick auf ein Gruppenfoto, neben der Rezeption, das sichtlich einen Ehrenplatz bekommen hat. Ein junger Concierge, der rechts von mir in einem Sessel lungert und den ich nach dem Foto frage, tritt hinzu und erklärt mir, daß das Foto die Führungsspitze von Arcor zeige, desjenigen Gastronomiekonzerns, zu dem unter anderem die Ibis-Kette und somit auch dieses wunderbare Hotel hier gehöre. Er ist einen guten

Kopf größer als ich, breit, kräftig, aber auch ziemlich entspannt, zudem spricht er nicht Französisch, sondern ein amerikanisches Englisch, sehr singend, wie ein Schwarzer, allerdings hört man genau, daß er kein Muttersprachler ist. Aber wahrscheinlich hat er schon in Amerika gelebt. In dem Hotel in Manhattan, in dem ich die letzten zwei Jahre so oft übernachtet habe, sprachen die Angestellten oft wesentlich schlechter Englisch.

Aha, sage ich, der Arcor-Konzern!

Er nickt, sagt: *Oh yeah man!* und seufzt träumerisch.

Ich erzähle ihm, daß ich sozusagen indirekt auch schon für diesen Konzern tätig gewesen sei. Ja, tatsächlich, als Schlafwagenschaffner für die Wagons-Lits, die zu meiner Zeit von Arcor geschluckt worden und mittlerweile mehr oder weniger liquidiert worden seien.

Ja, meint er, es kommen einen Haufen Leute mit dem Zug hier runter, aber mehr noch als mit dem Zug kämen mit Bussen.

Ja, sage ich, ich weiß. Ob er gern für den Arcor-Konzern tätig sei? Oh ja, Mann, allerdings. Und wenn er auf dieses Foto blicke, dann empfinde er ehrlichen Respekt vor diesem riesigen Unternehmen, vor dieser großen *Sache,* diesem *big thing.*

Er liebt das Amerikanische, das merkt man, er spricht wirklich gut. Ich frage ihn, wo er gelernt hätte, so zu sprechen, und er sagt: *Hier.* Wo hier, in Marrakesch? Nein, zu Hause, auf dem Land, in der Schule. Am meisten habe er aber von Filmen gelernt, amerikanische Serien seien einfach hervorragend, um Englisch zu üben, *Mann, ehrlich, und ich mag es, weil – wenn du Englisch sprichst, Mann, dann ist es, als ob du singst.*

Ob er schon mal irgendwo im Ausland gewesen sei, frage ich. Nein, meint er lachend, aber es ist das Lachen eines Entschlossenen, dessen Lebenstraum darin besteht, genau das zu tun, nein, noch nicht, aber eines Tages. Dafür würde er arbeiten, um eines Tages hier wegzukommen. Wohin er gerne gehen würde? Nun, das sei eigentlich egal, aber am liebsten nach Amerika. Er meint es ernst, A-me-ri-ka, diese vier Silben sind ihm heilig.

Ich kann ihm nur von ganzem Herzen Glück wünschen.

Samstag, 25. September

Ehepaar Strauss und Julia, die eine grauenhafte, von allen Erschütterungen des Magen-Darm-Trakts gezeichnete Nacht hinter sich hat (die Böhnchen auf ihrem Grillteller waren wohl nicht mehr ganz frisch gewesen), fahren morgens ab, Michael macht sich alleine auf den Weg zum Fotografieren, Matthias Göritz und ich ziehen derweil in ein anderes Hotel um.

Betrieben wird dieses Hotel von der Tochter des ehemaligen deutschen Botschafters in Marokko, der während seiner Amtszeit ein solcher Freund des Landes wurde, daß er beschloß, seinen Lebensabend hier zu verbringen. Er erwarb einige zusammenhängende Häuser in der Altstadt von Marrakesch und baute sie zu einem weitläufigen Nobelhotel um: Wir sind im Maison Bleue, dem Blauen Haus, untergebracht. Das Prinzip der Häuser kennen wir von Geerdts – der ja auch ganz in der Nähe wohnt: ein Innenhof, begrünt, im Erdgeschoß ein Schlafzimmer, ein Bad, ein Salon und die Küche, im ersten Stock noch ein Schlafzimmer und ein Bad. Es gibt noch ein Stockwerk, dessen Zugang wir aber abgeschlossen finden. Das Ganze nennt man Ryad und hat mit der Stadt in Saudi-Arabien nichts zu tun.

Prächtig und süß ist dieses Haus. Weißgekalkte Wände, wunderbar gepflasterte Böden, Türen aus blauem Holz, schöne Teppiche, ein Orangenbaum, übervoll mit grünen

Früchten, ein Vögelchen, das sich irgendwo in einem Winkel ein Nest gebaut hat und gelegentlich ein Tschilpen von sich gibt. Der Blick auf den freien Himmel! Und diese Stille. Mitten in der heißen, lauten, von Menschen wimmelnden Stadt ein ruhiger Fleck unter dem Himmel! Wir fühlen uns beide sehr beschenkt.

Die Gegenleistung, nämlich eine Lesung für eine illustre deutsche Reisegruppe zu halten, die in diesem Hotel abgestiegen ist, erscheint uns billig.

Wir wissen nur, daß auch das deutsche Botschafterpaar dasein wird und daß sich unter den Reisenden mindestens ein in der Bundespolitik seit vielen Jahren prominenter Familienname findet. Arrangiert hat das Ganze Dieter Strauss.

Matthias arbeitet, und ich lege mich angezogen auf die Tagesdecke meines Bettes. Ich habe das Schlafzimmer im ersten Stock. Gegen 13 Uhr 30 wache ich auf; ich bin ziemlich matt. Um 14 Uhr sind wir mit einem einheimischen Lehrer des Goethe-Zentrums verabredet, der uns die Altstadt zeigen will. Um 17 Uhr ist die Lesung.

Am liebsten würde ich mich ausziehen und unter die Decke kriechen, aber dann ist mir auch wieder zu heiß, und ich mag nicht länger liegen. Es tut dann überraschend gut, auf zu sein, auch wenn mich erst einmal ein Niesanfall in Tränen versetzt.

Am »Café France«, einem guten Treffpunkt am großen Platz, der zehn Minuten vom Hotel liegt, treffen wir Michael und Abdelouahed Moulay Alaoui Taleb. Er trägt ein hellrosafarbenes Hemd, schwarze Hosen, Sandalen und hat einen Gang, der friedliche Geläufigkeit mit dem Ort und Wohlgefallen ausdrückt, über seine Erde gehen zu dürfen. Ihm zu folgen, ist herrlich. Zwischendurch versuche ich, ein Schachspiel zu erwerben, wovon jeder dritte Laden überquillt, in allen Formen und Größen, finde aber nichts. Wir kommen durch Handwerkshöfe und Gassen, in denen Schmiede zwischen altem und neuem Blech sitzen, hämmern, schweißen, sich unterhalten und wie geeicht darauf sind, in dem Augenblick böse zu werden, in dem man sie fotografieren will. Wohl nahezu jedes Handwerk kann man auf diese Weise besichtigen, die nicht nachlassende Fülle von Geschäften, Werkstätten und der Handel, mit nahezu allem auf kleinstem Raum, ist bezaubernd. Bezaubernd ist auch, wie uns Abdelouahed – der ein wunderbar klares Deutsch spricht – wiederum zu dem Mann führt, der ihm sein erstes Deutsch beigebracht hat.

Wir treffen ihn im Inneren eines Teppichgeschäfts, und als die beiden zusammensitzen, Abdelouahed glattrasiert, sehr kurze Haare und mit seinem dunklen Teint fast asiatisch, Talia Abbes hingegen eher blaß, mit grau-weißem Bart und schlichtem weißen Turban als gläubiger Moslem auszumachen, sieht man an der Herzlichkeit und Vertrautheit der beiden so unterschiedlichen Männer, daß der Ältere dem Jüngeren wohl nicht nur Deutsch beigebracht haben dürfte, daß sie sich schon lange kennen und daß es nicht um Äußerlichkeiten geht.

Wir nehmen alle Platz, es wird Tee gereicht. Dann beginnt der Ältere. Sein Deutsch ist so vorzüglich, um es gleich zu sagen, daß es uns allen erstmal die Sprache verschlägt.

Er sagt, daß er sich freue, Deutsche zu Gast zu haben, um seinen verrosteten Kenntnissen der von ihm jedoch hochgeschätzten deutschen Sprache ein wenig Politur zu verschaffen.

Er untertreibt da natürlich, denn er hat eine klare Vorstellung vom Wesen des Deutschen, seiner Kompaktheit und seiner Eignung für komplizierte, philosophische Gedankengänge, die auf deutsch faszinierende Stabilität erhalten können. Sein Akzent ist eher französisch, wie ein Elsässer, denke ich unwillkürlich, aber ganz fein. Seine Stimme ist recht hoch und dünn, mit einer liebenswürdigen feinen Heiserkeit. Ein Vergnügen, ihm zuzuhören.

Wir erfahren in etwa soviel, daß er nach dem Gymnasium auf einer Hotelfachschule Deutsch gelernt habe, in den Siebzigern, Deutsch und Englisch, nachdem er Französisch ja schon gesprochen habe. Für ein Studium gab es keine Möglichkeit, und das Hotelfach ermöglichte ihm so zumindest einen Zugang zu Fremdsprachen.

Er erzählt, daß das Leben in Marokko noch nie einfach gewesen sei. Er erinnere sich der fürchterlichen Schwierigkeiten, in die man früher kam, wenn man die falschen Bücher las und sich überhaupt geistig wach zeigte. Ein Autor wie Herbert Marcuse, den er sehr geschätzt habe, sei schlichtweg verboten gewesen, die Lektüre eindeutiger Beweis kommunistischer Gesinnung. Nein, also, das Leben unter Hassan II. habe viele traurige Seiten gehabt, da gebe es keinen Zweifel.

Mehr erzählt er nicht, er lächelt dazu. Er kommt von sich aus auf deutsche Philosophie zu sprechen, die er gelesen habe, natürlich Hegel und Heidegger, überhaupt Existenzphilosophie, darunter vor allem Sartre. Dennoch würde man ihn gründlich mißverstehen, sähe man in diesem Interesse etwas anderes als die Wißbegier eines gläubigen Moslems, der in dieser schwierigen Lektüre wohl weniger nach Erklärungen als nach Anknüpfungspunkten in einer schwierigen Zeit sucht.

Demokratie etwa würde für die islamische Welt niemals in Frage kommen, erklärt er uns, da alle Gewalt von Gott ausgehe, nicht vom Menschen, vom Volk. Überdies habe dies Volk dort, wo der Begriff entwickelt worden sei, auch nicht alle gemeint, sondern zum Beispiel die Sklaven ausgeschlossen, die aber als Gruppe zur griechischen Gesellschaft gehört hätten wie der unfreie Zwilling der freien Bürger selbst. Man habe hierzulande den Verdacht, die Demokratie, von der der Westen rede, folge dem alten Modell noch immer, und es sei auch klar, wer die Herren und wer die Sklaven in dieser Welt-Demokratie sein sollten. Und die Prediger dieser falschen Demokratie könne man in der global agierenden Werbung und der ganzen, mit Bildern und Ablenkungen handelnden Medienindustrie sehen.

Ja, sagt Abdelouahed, aber es müsse dennoch ein Weg gefunden werden, die Gesellschaft so zu organisieren, daß es einen Ausgleich zwischen Arm und Reich gäbe. Es ist klar, daß er zunächst einmal Marokko meint – und daß er eben auch einer der vielen ist, die hier leben, besten Mutes sind, fleißig und gut ausgebildet, und denen Marokko keine Möglichkeit bietet, ihre Talente zu entfalten. Es ist klar, daß er weiß, wovon er spricht. Seine Haltung ist sehr ernst.

Ja, meint sein Lehrer, das Problem sei aber mit Geld alleine nicht zu lösen. Früher sei es so gewesen, daß man den armen Leuten von sich aus Almosen gegeben habe, heute würde man Steuern bezahlen, und der Staat kümmere sich angeblich um die Armen. Die Menschen fühlten sich ihrer Pflicht, Almosen zu geben, entbunden. Die Gesellschaft verkomme, denn der Staat sei korrumpiert, und das Geld erreiche nicht die Bedürftigen, sondern fließe in die Kassen der ohnedies schon Reichen. Politik, so sage man in Marokko, sei die Kunst des Lügens.

Ich erzähle und sehe mich darin von meinen Begleitern unterstützt, daß es in Deutschland – das ein äußerst reiches Land sei – von deprimierten und traurigen Menschen nur so wimmele, die alles andere täten, als ihre Talente zu entfalten. Es gebe offensichtlich eine Form des öffentlichen Wohlstands, also des sozialen Ausgleichs, die einer positiven Entwicklung im Wege stünde, so merkwürdig das vielleicht auch klinge. Und da es unmöglich sei, einen anderen Menschen zu ändern, beginne es letztlich beim Einzelnen.

Warum? Weil, nimmt sein Lehrer den Faden auf, die Zunge der Empirie immer beredsamer sei als die Zunge des Sprechens.

Gerade die wichtigsten Einsichten seien die, die einem niemand abnehmen und die auch nicht kommuniziert werden könnten, lege ich den Gedanken aus und sehe mich im Einklang mit seinem Urheber, der dann aber darauf hinweist, daß die Religion, der Islam, durchaus einen Weg zeige.

Ja, sage ich, aber alle Religionen – und da bilde der Islam eigentlich keine Ausnahme – litten heute doch darunter, daß sie von Theoretikern und Juristen bestimmt würden und weniger von den Praktikern, und das wirke sich eben fatal auf ihre Autorität aus. Was im Augenblick im Namen verschiedener Religionen geschehe, habe ja wohl mit brüderlicher und geschwisterlicher Praxis nicht das Geringste zu tun.

Wir verbringen zwei Stunden im lebhaftesten Gespräch, wohlgemerkt auf deutsch, und verlassen den Laden, nicht ohne das Versprechen, morgen vormittag wiederzukommen: Sowohl Matthias als auch ich würden gerne einen kleinen Teppich erwerben. Einen kleinen? lacht Talia Abbes, warum nicht einen großen?

Es ist kurz vor fünf, als wir wieder am Platz sind, unser Führer Abdelouahed zeigt uns noch, wo wir Gemüse und Pasta einkaufen können.

Es ist kurz nach fünf Uhr, als wir am Hotel eintreffen. Julia Bartels, die Besitzerin, ist auf eine spontan arrangierte Hochzeit auf dem Land eingeladen und läßt sich entschuldigen. Die Lesung findet in einem anderen Teil des weitläufigen Hauses statt, in einem größeren Innenhof, wo ein Büffett aufgebaut ist, mit Tee und vielen Gâteaux Marocains. Der Maler Geerdts ist da, eine Deutsche, die ein ähnliches Hotel in der Nähe betreibt, das Ehepaar Mauch, Roland Mauch ist außerordentlicher Botschafter und Generalbevollmächtigter der Bundesrepublik. Die Reisegruppe selbst besteht aus älteren Ehepaaren, es handelt sich um pensionierte hohe Beamte, Ärzte und Unternehmer, eine Studienreise auf höchstem Niveau. Der prominenteste Name gehört zur FDP, ein Bruder oder Cousin des betreffenden Politikers ist mit seiner Frau anwesend. Sie sind seit ein paar Tagen hier abgestiegen, erkunden die Stadt und genießen ansonsten den stillen Luxus der Herberge. Etwas ganz Besonderes ist die Anwesenheit eines letzten Gastes, nämlich eines wandernden Zimmermannsgesellen aus Lübeck. Er sitzt in voller Montur zwischen den Gästen und erzählt, daß er seit ein paar Tagen hier in Marrakesch arbeitet.

Nach den Erfahrungen gestern erscheint es mir sinnvoll, meinen Zuhörern einen Eindruck davon zu geben, woher ich komme und wie mein Verhältnis zu Deutschland ist, um die im Tagebuch festgehaltenen Erfahrungen in Marokko vielleicht nachvollziehbarer zu machen. Zwar könnte das Publikum des gestrigen Abends sich vom heutigen kaum mehr unterscheiden, und deswegen ist es eigentlich ein Fehler, das Programm zu verändern. Aber ich beschließe dennoch, vorab noch einen kürzeren autobiographischen Text zu lesen, der vor ein paar Monaten in einem Sammelband über das Grundgesetz erschienen ist.[6]

Das Tagebuch selber, das ich danach lese, muß vordergründig natürlich auf höheren Zuspruch stoßen, da ich vor Deutschen lese, die in ihren ersten Tagen im Land alle mehr oder weniger ähnliche Eindrücke sammeln konnten – dennoch stellt sich das Gefühl völliger Nacktheit beim Lesen, das ich gestern kennengelernt habe, nach einer Weile erneut ein. Aber es ist in Ordnung. Ich glaube, es war interessant.

Dann liest Matthias. Vor allem ein Gedicht begeistert mich nun beim zweiten Hören noch mehr. Darin erzählt ein ungeborenes Kind, Gott bereite im Bauch der Mutter Pizza zu.[7]

6 Im Anschluß an das Tagebuch findet sich der Text als Anhang.
7 Das Gedicht mit dem Titel »Wolodja« findet sich im Anhang.

Im anschließenden Gespräch erweist sich Botschafter Mauch als hochintelligenter, objektiv von Zustand und Lage berichtender Kenner des Landes. Es geht unter anderem auch um die Buchmesse. Normalerweise würde ja immer ein einziges Land zum Gastland der Frankfurter Buchmesse erklärt werden, mit der Möglichkeit, sich und seine Literatur dann ausgiebig zu präsentieren. Zum ersten Mal sei nun mit dem Gastland »Die arabische Welt« ein ganzes Konglomerat von Staaten eingeladen worden. Die Organisation überließ man den Ägyptern, und spätestens da wurde das Ganze zu einem Politikum und einem Streitfall zwischen den einzelnen Staaten arabischer Nation. Die Ägypter gelten als arrogant, die Marokkaner fühlten sich wieder einmal nicht ernst genommen und sagten die Teilnahme an der Buchmesse kurzerhand ab, offiziell gab man Geldmangel als Grund an.

Im ganzen ein recht angenehmer Abend. Dann ist für die Herrschaften gedeckt, wir wollen für uns kochen. Dem Maler Geerdts versprechen wir noch, ihn morgen um 17 Uhr zu besuchen. Ich mache mich in der Küche zu schaffen, schäle das Gemüse, Matthias besorgt noch verschiedene Kochgeräte, Gewürze und – das Wichtigste – zwei kleine Flaschen Wein aus der Küche. Wunderbar!

Es ist ein improvisiertes Essen, in einer an die Wohngemeinschaften vergangener Epochen erinnernden, spontan ausgebrochenen Herzlichkeit. Als hätte uns irgendein hilfreicher Flaschengeist durch Zeit und Raum hinweg in den Orient dieser Tage versetzt.

Sonntag, 26. September

Sehe mich nicht in der Lage, wie verabredet um 10 Uhr im Teppichladen zu sein, fühle mich fiebrig und matt. Matthias macht sich auf den Weg, um Baudenkmäler zu besichtigen.

Das Wetter ist nach wie vor strahlend blau, duftig süße, trockene Luft, sehr warm. Kaum ein Lüftchen, das sich regt.

Ich lege mich gegen Mittag hin, nachdem die Rufe der Muezzine verklungen sind, die man hier in der Medina von allen Seiten hört, vor allem den einen, der sich in unserer unmittelbaren Nachbarschaft befinden muß, denn er klingt, als ob er oben bei uns auf der Terrasse stehen würde. Wie überall gibt es auch hier deutliche Unterschiede, und er da oben ist ein älterer Mann, recht heiser, aber mit beeindruckendem Baß. Aus irgendwelchen Gründen überkommt mich immer, wenn ich seine Stimme höre, die Vorstellung, er hätte seit Jahren ein chronisches Magenleiden, über das er aus geheimnisvollen spirituellen Gründen mit niemandem sprechen kann.

Ich schlafe fiebrig träumend bis 15 Uhr. Dann suchen wir ein Café auf, um uns zu stärken, irgendwie wagen wir es nicht, etwas Richtiges essen zu gehen, also bestellen wir viele Gâteaux Marocains und Milchkaffee. Die süßen Teile sind bald verschlungen, und wir machen uns auf den Weg. Matthias behauptet zu wissen, wo sich Geerdts' Haus befindet, aber leider wissen wir nicht genau, wo wir uns gerade befinden. Dann machen wir den Fehler, jemanden auf der Straße nach dem Weg zu fragen, der gar nichts weiß, aber sofort einen anderen fragt, der es auch nicht weiß usw.

Das bekommen einige Kinder mit, die uns auf der Stelle anbieten, uns in die Derb el Hamam, die Badstraße, wo Geerdts wohnt, zu führen. Ob sie wirklich wüßten, wo die Straße sei? Ja, sicher, sagt der eine, da wohne sein Onkel. Also gut.

Bis wir es recht mitbekommen, haben sich mindestens fünf Kinder um uns geschart, dann gabeln wir noch – weil ich Trottel ihn frage – einen jungen Mann auf, der ebenfalls großes Interesse daran hat, uns hinzubringen und sich gegen die kleineren durchzusetzen, sie allerdings nicht gänzlich aus dem Feld schlagen kann. Den Namen der Straße, Derb el

Hamam, vor sich hinsingend wie das Losungs- und Kennwort einer verschlagenen Gemeinschaft fahrender Ritter, werden wir immer mehr, auch Erwachsene folgen uns, darunter ein recht merkwürdiger Typ mit dunkelblauem Sakko, einem schwarzen Stirnband und einem altersschwachen Mofa, mit dem er sich in geringem Abstand hinter uns herrollen läßt.

Angeblich seien wir ganz in der Nähe, behaupten alle, aber der letzte Durchbruch will uns nicht gelingen. Nach einer guten Stunde zahlen wir unsere Führer aus, werfen dem Typen auf dem Mofa, der die Stunde gekommen sieht, sein Angebot zu machen, einen abweisenden Blick zu und gehen zum großen Platz zurück, den man immer leicht finden kann. Mit schlechtem Gewissen zwar, aber da wir den Zettel mit Geerdts' Telefonnummer im Hotel vergessen haben, bleibt uns gar nichts anderes übrig. Die Teppiche rufen.

Wir nehmen Platz, und es werden uns von Talia und seinen beiden jungen Ladenschwengeln zahlreiche, zum Teil ganz konträre Exemplare gezeigt, an denen er uns auf gewisse Aspekte der Berberkultur hinweist, in der die Teppiche eine so wesentliche Rolle spielten. Anders als in der »urbanistischen Culture« des Westens, wie er sich ausdrückt, zeichne sich eine orale Kultur durch die Vermischung von Alltag und Legende, Erzählung und Arbeit aus. So seien Teppiche gleichsam wie Karten zu lesen, auf denen von Geschichte und Herkunft, Abenteuern und Absonderlichkeiten derer zu erfahren sei, die sie gewoben haben. Denen, die auf ihnen saßen, boten sie gleichermaßen Komfort und Anregung für das Gespräch.

Andere Teppiche überraschen durch ein erstaunliches Maß an Abstraktion und beschreiben, so der weise Händler, Erlebnisse und Wunder der Seele, Abenteuer des Geistes, Trancezustände – das sind Stücke, in denen die Farben irrlichternd durcheinanderstieben, aus ihren Mustern herausfallen und merkwürdige bunte Strudel miteinander bilden.

Die Teppiche schließlich, für die wir uns entscheiden, sind beide einfach, der von Matthias honiggelb und schwarz, meiner grün und rot, wunderbar dicke Teppiche, eingetreten und dennoch in den Farben frisch wie am ersten Tag, Matthias' Stück fünfzig, meines dreißig Jahre alt. Die Entscheidung steht. Nun geht es ans Verhandeln.

Es ist dies eine Situation, die jeder Marokkoreisende insgeheim herbeisehnt, vor der er sich andererseits aber auch fürchtet, weil er weiß, welch große Bedeutung die Kunst des Handelns überall im Orient, vor allem aber hier in Marokko besitzt. Einen guten Handel zu machen, bei dem man nicht über den Tisch gezogen wird, und etwas zu bekommen, das einem wirklich gefällt: Das ist die Feuerprobe.

Das Schwierigste für den Fremden ist dabei, daß er natürlich keine Ahnung von den Preisen hat und vom Wert, den die Dinge für die Einheimischen haben. Deswegen versucht man erst einmal, einen Überblick zu bekommen. Man ist vorsichtig, denn wenn man hier durch die Straßen läuft, wird man überall angesprochen, folgen einem überall Blicke und sieht man in der gesponnenen Freundlichkeit eines Händlers verfangene amerikanische Touristen, die unglücklich umherblickend auf Kissen sitzen und sich Tee reichen lassen und dabei von jedem vorbeigehenden anderen Touristen mitleidig belächelt werden, der heilfroh ist, daß er sich in nichts hineinkomplimentieren ließ – und kaum, daß er sich das gedacht hat, sitzt er bereits selbst irgendwo.

Wir haben also zwei Teppiche, beide zusammen kosten einen kleineren vierstelligen Betrag in Dirham. Wir beratschlagen uns, Talia verläßt den Laden zwischendurch zum Gebet, wir reden zum Spaß, weil wir angespannt sind, auf bayerisch, was Matthias – selbst Hamburger – recht nett nachzuahmen versteht. Unser erstes Gebot soll etwa dreißig Prozent niedriger liegen.

Das teile ich dem zurückgekehrten Talia mit heiserer Stimme mit. Der scheint davon ein wenig verwirrt, holt einen Briefumschlag vom Schreibtisch und macht eine Gebotsliste auf.

Er schreibt die ersten Angebote nebeneinander, setzt dann schweigend sein neues Angebot darunter und reicht uns das Papier und den Stift.

Es ist überraschend, die arabischen Ziffern zu sehen und einwandfrei lesen zu können, ein Moment der Verwirrung durch plötzliche Klarheit.

Es ist ein durchaus hartes Hin und Her. Als ich einmal zwischendurch sehr bedeutsam aufseufze, als ob ich des Schacherns endlich leid sei, sagt Talia Abbes sehr freundlich, ich solle ihn nicht kränken, macht eine Pause und setzt nachdenklich dazu, er würde uns schließlich auch nicht wie Touristen behandeln.

Nach zwanzig Minuten – er ist zwischendurch noch einmal kurz draußen – schlagen wir ein. Nachlaß fünfundzwanzig Prozent. Die Teppiche werden zusammengerollt und verschnürt. Wie sich herausstellt, kann man mit Kreditkarte bezahlen, was günstig ist, da unser Bargeld zur Neige geht und man an den Automaten nichts bekommt.

Zum Kassieren betritt dann überraschenderweise der Besitzer des Ladens die Szene, ein ganz anderer Typ Mann, mit schwarzem Schnauzbart und in westlicher Kleidung, den wir zwar schon gesehen haben, der aber meist draußen saß, auf einem Stuhl, und kein Wort mit uns gewechselt hat – er wirkte eher wie eine Hilfskraft. Irrtum.

Talia ist »nur« der Verkäufer – wir hatten angenommen, in ihm selbst den wohlhabenden Teppichhändler vor uns zu haben, den glückliche Umstände von der Hotelfachlehre zu einem prächtigen Laden in Marrakeschs bester Geschäftslage geführt haben. Das war nicht aufmerksam beobachtet – und diesmal eine positive, von Sympathie motivierte Übertragung.

Ein wenig benommen machen wir uns, nachdem wir uns auf das Liebenswürdigste verabschiedet haben, auf den Weg zurück zum Hotel. Auf jeden Fall tragen sich die großen schwarzen Tüten hervorragend durch den Markt.

Habe mir aber wohl richtig den Magen verdorben: Ich muß ständig an die Gazellenhörner denken, die süßen Teile mit Marzipan und scheinbarem Mürbteig, der aber in Wahrheit durch und durch mit Zucker getränkt ist und überhaupt nicht mürb: Die Zähne versinken darin, so weich ist das Zeug. Das war mein Mittagessen gewesen, schon zum zweiten Mal. Und das in dieser dauernden, nicht nachlassenden Wüstenhitze. Jetzt muß ich es büßen.

Die ganze Nacht liegt mir der Geschmack auf der Zunge, sehe ich sich drehende Gazellenhörner und dann verzweifelte Klagehickser meines Magens. Ich wälze mich. Ich höre die Pfeifen und Trommeln vom Platz, ganz von ferne, wie im Traum.

Ich möchte keine Sekunde missen.

Montag, 27. September

Auch jetzt ist es wieder recht abzufahren, nachdem Matthias und ich noch einmal in einem einfachen Restaurant in der Nähe des Platzes hervorragend gegessen haben. Es ist furchterregend, welche große Bedeutung das Essen auf Reisen hat, noch dazu in einem solchen Klima.

Ein letzter Spaziergang, dann zurück ins Hotel, Verabschiedung von unserer äußerst liebenswürdigen Gastgeberin. Um 17 Uhr treffen wir uns mit Michael Danner, dem Fotografen, der die letzten Tage in den weitläufigen Slums von Marrakesch unterwegs und wohl recht erfolgreich war, am Bahnhof.

* * *

Die Ankunft in Rabat ist wunderbar – die herrliche, feuchte Luft, die milde Temperatur, der kurze Weg über den ausgestorbenen Bahnhofsplatz zum altvertrauten Hotel Bélère, all das erfüllt mich mit einer übermütigen Freude. Vor der Teleboutique steht Rachid und unterhält sich mit einem älteren Mann. Ich gehe kurz vorbei, überglücklich, ihn wiederzusehen, und verspreche, mich im Laufe der Woche bei ihm zu melden. Gleichzeitig schlägt mein Gewissen, ich habe Dorle seit Tagen nicht angerufen. Morgen rufe ich an.

Im Hotel steht noch der ausgeliehene Wasserkocher, der Geschmack des Wassers aus Rabat ist unverwechselbar und köstlich, sein leichtes, spezifisches Chloraroma begeistert mich – dann treffen wir uns noch im »Le Weimar« mit Julia und zwei weiteren Praktikanten des Instituts: Felizitas, genannt Feli, einer hochgewachsenen jungen Frau aus Schwaben, die in Hildesheim studiert, leidenschaftliche Musikerin und Tänzerin ist (Brasilianisches Kampftanzen ist ihre Spezialität) und neben Schwäbisch, Hochdeutsch, Französisch, Englisch, Schwedisch auch ein wenig Arabisch spricht. Florian ist ein Student der Orientalistik aus Kiel. Die beiden werden bis zum Jahresende hier sein, teilen sich mit Julia eine Altbauwohnung gegenüber der Medina und kommen morgen mit auf die Exkursion in den Mittleren Atlas, wo wir die angeblich beste Uni des Landes besuchen werden.

Ein Deutscher Tag im Mittleren Atlas

Dienstag, 28. September

Zum ersten Mal wieder Frühstück zum erfolgreichsten Song von George Michael inmitten zahlreicher Busreisender aus Frankreich und Deutschland. Die Kellner sind mittlerweile alte Bekannte.

Abfahrt nach Ifrane um 9 Uhr – wir sind mit dem Land Rover der Straussens und dem kleinen Mercedes-Bus des Instituts unterwegs. Durch die Zweiteilung auf Casa und Rabat ergibt sich ein häufiges Pendeln, Veranstaltungen in beiden Städten wollen eröffnet, reisende Künstler oder Gäste des Instituts hin und her befördert werden. Dem Mercedes-Bus kommt dabei eine tragende Bedeutung bei. Mohammed, der Fahrer des Instituts, hütet ihn wie seinen Augapfel.

Wir fahren zu dritt im Land Rover hinter ihm her, wir wollen zur Autobahn Richtung Fes und passieren bei der Gelegenheit wieder einen weitläufigen Palast am Stadtrand von Salé. Anke Strauss erzählt, daß er dem jüngeren Bruder des Königs gehöre, wie überhaupt ja die königliche Familie einer der größten Grundeigentümer des Landes sei. Diese Paläste zeichnen sich durch prächtige Parks hinter hohen, aus massiven Eisenstreben gebauten Zäunen und einem Polizei- oder Militärposten alle fünfzig Meter aus. Es gibt sie überall an den schönsten Plätzen des Landes, riesige Anlagen, mit Pferdeställen, Golfplätzen und all dem anderen, was zu dynastischen Wohnverhältnissen dazugehört.

Dann hört die Stadt mit einem Schlag auf, die Autobahn führt durch braune Täler, kaum besiedelt, nur mit dem einen oder anderen Weiler oder Bauernhof. Nach etwa einer Stunde fahren wir ab, passieren kleine, an der Straße entlang errichtete Städtchen, mit ihren Cafés und Eselchen und Bauern in bunten Gewändern und Strohhütten, die sie so mexikanisch aussehen lassen.

Als es in die Berge geht, bekommt die Landschaft etwas Heideartiges, nach einer weiteren Stunde tauchen die ersten ausgedehnteren Eichenwälder auf, die Architektur der Häuser ändert sich, die Dächer sind plötzlich spitzgiebelig und hochgeschossig, eine Bauweise, die verblüffend an die französischen Alpen erinnert oder an die Schweiz und natürlich mit den Schneemassen zu tun hat, die hier im Winter die Regel sind.

Nach gut zweieinhalb Stunden sind wir in Ifrane, 1650 Meter hoch. Die Hauptstraße ist mit einer Allee aus Fichten bepflanzt, ansonsten sieht man Kastanien und Ahornbäume. Die Luft ist wunderbar frisch, Bergluft. Hier befindet sich die »AL AKHAWAYN UNIVERSITY«, die sich selbst AUI abkürzt.

Eine private Universität, die sich der Stiftung durch den saudischen Staat verdankt, zu der es der Legende nach in Folge eines schweren Tankerunglücks vor der marokkanischen Küste kam. Das Öl trieb auf die Strände zu. Um das Schlimmste verhindern zu können, überwiesen die saudischen Prinzen viele Millionen Dollar als Soforthilfe.

Kaum war das Geld auf einem marokkanischen Konto, geschah das Wunder, der Wind drehte und trieb den gigantischen Ölteppich weit auf den Atlantik hinaus, die Katastrophe war abgewendet. Da aber Geld, das einmal Marokko erreicht hat, nicht mehr ausgeführt werden darf, die Millionen also im Land bleiben mußten, wurde die Universität gegründet.

Wir passieren die Sicherheitskontrollen, müssen unsere Pässe abgeben und betreten dann einen weitläufigen, parkähnlichen Campus, gebaut im Chalet-Stil der Gegend, weiße Häuser mit fast bis auf den Boden herabreichenden Satteldächern, großzügig, viel Glas. Vor dem Haupteingang hängt neben der marokkanischen Flagge auch die deutsche, es ist schließlich Deutscher Tag. Letztes Jahr gab es auch schon eine Kooperation mit dem Goethe-Institut, ein voller Erfolg mit einer Lesung von Enzensberger und dem NRW-Jugend-Jazz-Orchester. Dieses Jahr ist alles eine Nummer kleiner.

Auf dem Rasen vor der Mensa und dem Verwaltungsgebäude ist ein Zelt aufgebaut – darin wird Tee gereicht und Gâteaux Marocains, vor denen ich mittlerweile eine tiefsitzende, gaströse Furcht empfinde. Ich darf nicht einmal hinsehen, sobald mein Blick auf die Spitze eines irgendwo verlockend und mächtig abwartenden Gazellenhorns fällt, kribbelt es mir im Magen und will es sauer aufstoßen.

Zu unserer Delegation gehören noch eine Lektorin des DAAD, die an der Universität von Rabat Deutsch unterrichtet, sowie die Journalistin vom WDR mit einem kleinen Team. Als wir ankommen, fragt die Journalistin Strauss sofort, wo die marokkanischen Schriftsteller seien, sie wolle diese noch vor den Lesungen ausgiebig interviewen.

Als ihr Strauss erklärt, die marokkanischen Schriftsteller kämen erst am Sonntag zur Lesung in Rabat dazu und seien nicht hier in Ifrane, bricht offensichtlich der Produktionsplan der nächsten Woche zusammen, denn sie meint, das sei ja eine Katastrophe, jetzt sei sie extra hier herausgefahren, um Autoren zu treffen – das sei schließlich für die Buchmesse in Deutschland gerade höchst interessant –, und nun das.

Obwohl wir bei Straussens einen ganzen Abend nebeneinandergesessen haben, erkennt sie mich nicht, als ich ihr zunicke.

Dann erscheint der Rektor der Universität mit einem Kollegen, dem Organisator des Deutschen Tags, einem Deutschen aus Bonn, einem marokkanischen Deutschprofessor aus Meknes und noch ein paar anderen Offiziellen und Mitarbeitern. Es sind ein halbes Dutzend Studenten erschienen, darunter ein Mädchen im Dirndl und ein junger Mann in Lederhosen und Hirschhornhemd, denen es ein bißchen peinlich ist und die mit roten Ohren und grinsend dastehen und sprachlos sind. Wie wir alle. Der Rektor spricht ein paar Worte auf englisch über die große Bedeutung Deutschlands für Marokko und verschwindet dann wieder. Damit ist der Deutsche Tag eröffnet, und es geht zum Essen.

Alles in allem sind wir jetzt vielleicht zwanzig Personen. Über der Mensa – wo es heute ein »Deutsches Sondergericht« gibt – befindet sich ein hoher getäfelter Raum, in dem für uns gedeckt ist. Mir ist überhaupt nicht wohl, weil wir ja anschließend lesen müssen (vor wem? frage ich mich), und für mich mit der Neuerung, daß die von uns ganz zu Beginn ausgewählten Stellen aus dem Tagebuch nunmehr in arabischer Übersetzung vorliegen und abwechselnd mit den deutschen Originalstellen vorgelesen werden sollen. Dieter Strauss hat die Übersetzung als Ausdruck dabei.

Vorlesen wird sie der für den heutigen Tag gleichfalls bestellte Simultandolmetscher, der aber nicht mit dem Übersetzer der Stellen (tatsächlich eine in Rabat lebende Marokkanerin mit deutschem Namen) identisch ist. Leider hat die Übersetzerin die Stellen als Fließtext abgegeben. Deswegen suchen der sehr nette Dolmetscher, ein kleiner glattrasierter Mann mit gleichmütig freundlichen Gesichtszügen im grünen Anzug, der mit seiner Mama aus Fes angereist ist, und ich ein Büro im Verwaltungsgebäude auf.

Ich lese ihm eine Stelle vor, er sucht sie aus dem Fließtext heraus und markiert Anfang und Ende, so arbeiten wir uns zäh voran. Die Zähigkeit kommt auch daher, daß der arabische Text nicht immer oder eigentlich in den seltensten Fällen mit meinem übereinstimmt. Der Dolmetscher schüttelt zwischendurch immer wieder den Kopf, weil es seiner Meinung nach keinen Sinn ergibt. Er macht Korrekturen, bläst die Backen auf, schüttelt wieder den Kopf und meint, das sei einfach so anders, das müsse man eigentlich neu machen. Sehr beruhigend.

Nach vierzig Minuten sind wir durch und eilen, in der Hoffnung, noch etwas zu essen zu bekommen, hinüber – wie sich dann herausstellt, hat es aber noch nicht einmal begonnen, der Rektor ist noch nicht da, und ohne ihn, den Gastgeber, kann man schlecht anfangen.

Dann erscheint der Rektor, der einen dunkelblauen Anzug, ein hellblaues Hemd und eine dezente rote Krawatte trägt. Wie sich herausstellt, war er mit der WDR-Journalistin in seinem Büro für ein ausführliches Interview als heimlicher Ersatz für die nicht anwesenden marokkanischen Autoren.

Der Rektor ist ein äußerst liebenswürdiger Mann Ende Fünfzig, mit freundlichen Augen, der während des Essens davon erzählt, wie er als junger Mann nach Paris kam, um zu studieren. Sein Französisch ist fabelhaft, sehr schnell, ich kann ihm nicht immer folgen, die Frau Kulturattachée von der deutschen Botschaft hingegen amüsiert sich köstlich. Das Essen ist sehr gut, zum Hauptgang Rindertajine mit Birnen. Der Anblick der Gâteaux Marocains, die zum Schluß noch gereicht werden, kann mir nichts anhaben. Die lache ich aus und berühre sie nicht einmal.

Danach werden wir über das Gelände geführt, sehen die sehr große Moschee im Zentrum, werden durch die große Bibliothek geleitet, an deren Ehrenplatz eine von der Republik Indien gestiftete Bronzeplastik von Mahatma Gandhi steht, und bewundern die unzähligen erstklassig ausgestatteten Computerarbeitsplätze im ersten Stock. Besonders stolz ist unser Führer auf einen Hightech-Raum im Keller, in dem Studenten an ungefähr zwanzig Computern an der Börse von Casablanca spekulieren können – als Simulation natürlich, aber ganz wie in Wirklichkeit.

Es gibt sogar eine nagelneue, komplett eingerichtete (und noch niemals benutzte) Uniklinik, weil man hier eines Tages auch Medizin studieren können soll, aber die besichtigen wir nicht. Statt dessen sehen wir die Turnhalle, den Tennisplatz (wo zwei junge Männer mit langen Haaren und Stirnbändern ein ganz gutes Tennis zeigen), den Kraftraum und schließlich das riesige Hallenbad mit echtem Olympiaschwimmbecken.

Wir stehen staunend oben auf der Brüstung und sehen auf das unberührte, spiegelnde Becken, von dem ein dezenter Chlorgeruch aufsteigt. Matthias erwähnt, daß sein nächster Gedichtband (nach dem ersten mit dem lässigen Titel LOOPS) POOLS heißen wird.

Für marokkanische Verhältnisse herrscht auf dem Campus Menschenleere und unwahrscheinliche Gepflegtheit. Die Studenten, die uns begegnen, könnten überall an jeder Universität dieser Welt durch die Gänge schlendern oder an den Flachbildschirmen im Netz surfen. Neben der wahrscheinlich echten Markenkleidung sind am auffälligsten tatsächlich die Produkte kieferorthopädischer Kunstfertigkeit – auffällig, wenn man sich daran gewöhnt hat, daß fast jedem Menschen über Dreißig, den man so trifft, mindestens ein oder zwei Zähne fehlen. Hier hat jeder zweite eine Zahnspange, ein Produkt, das ich hier überhaupt noch nirgends auf der Straße gesehen habe.

Oben am Zelt eine Überraschung. Zu meiner großen Freude haben Hans Tischleder und der gute Freund Heinrich doch tatsächlich (wie angekündigt!) den Weg von Tanger nach Ifrane gefunden und sechs Stunden Autofahrt auf sich genommen, um bei der Lesung am »Deutschen Tag« in Ifrane dabeizusein. Wie jedes Jahr. Wahre Freunde und Patrioten.

Leider sind im ganzen nur vier Studenten anwesend, einer verläßt zwischendurch sogar noch den Raum. Der Moderator, ein netter Deutscher, ein Geschichtsprofessor, spricht einleitende Worte auf Englisch, der offiziellen Unterrichtssprache.

Ich lese einen Abschnitt auf Deutsch, freue mich über wohlwollendes Nicken von seiten derjenigen, die Deutsch können, und das sind ungefähr fünfundachtzig Prozent der Anwesenden. Dann kommt die arabische Übersetzung, die mir jedesmal irrsinnig lang vorkommt und auf die mit Schweigen reagiert wird, es sind ja auch kaum Leute da, die Arabisch verstehen.

Der Dolmetscher, der nichts dafür kann, den aber jeder der paar arabischen Zuhörer natürlich mit der schlechten Übersetzung identifiziert, tut mir leid. Ich stelle mir lieber nicht vor, was dic Leute wohl über mich denken, den Autor des Ganzen. So gesehen hat der Dolmetscher es noch gut, er muß nur dieses eine Mal leiden. Mir selbst stehen noch zwei weitere Lesungen unter diesen Umständen bevor. Aber vor viel mehr Arabern! Tolle Aussicht.

Hans und Heinrich fahren danach zum Essen nach Meknes, die Straussens in ihrem Land Rover nach Rabat, wir anderen wollen noch spazierengehen und einen Kaffee oder Tee trinken, unten im Ort. Der ist reizend, das Laub der Bäume färbt sich bereits, wir spazieren bis an den Ortsrand, dann kommt die Dämmerung, der Gebetsruf, wir kehren um. In einem Café, auf einer Großbildleinwand, geht Leverkusen gerade gegen irgendeinen anderen internationalen Verein in Führung, ich glaube es ist sogar Real.

Dann verabschieden wir uns von der Mutter des Dolmetschers und dem Meister selbst, der sein hervorragendes Deutsch übrigens in Karlsruhe gelernt hat, und machen uns zusammen mit der Lektorin, die Bärbel heißt, auf den Weg.

Man kann sagen, daß die Stimmung im Bus eher gedrückt ist. Die Nachfrage nach dem Deutschen – an dieser Universität scheint sie sich in Grenzen zu halten.

Bei unserer Ankunft in Rabat, die einige von uns aus dem Schlaf reißt, beschließen wir, noch ins »Le Weimar« zu gehen, auf Pizza und vor allem viel Rotwein.

Keiner von uns Künstlern hat noch marokkanisches Geld, und alle wollen gleichzeitig Bärbel anschnorren. Jeder von uns ist erstaunt darüber, daß er offensichtlich nicht der einzige ist, dessen Versuche, mit der EC-Karte Geld zu ziehen, immer im letzten Moment, nachdem die Geheimzahl bereits eingegeben ist, fehlgeschlagen sind.

Bärbel, die gutmütig lächelnd ein ganzes Bündel Dirham zückt, mahnt uns, auf jeden Fall unsere Kontoauszüge zu kontrollieren: Es komme häufig vor, daß man zwar kein Geld bekomme, die marokkanische Bank aber dennoch abbuche. Letztes Jahr hätten sich diese Vorfälle so massiert, daß die Deutsche Botschaft bei der Zentralbank interveniert habe.

»Sie sind oft die nettesten Menschen, die Marokkaner«, sagt sie dann später, »nur, wenn es ums Geld geht, da werden sie wirklich alle absonderlich.« Sie ist seit einem guten Jahr hier und hat selbst zum Beispiel noch keinen Dirham Gehalt von marokkanischer Seite bekommen: Einmal sei der Kassenwart gerade krank; ein anderes Mal ist der Mann da, hat aber eine außerordentliche Buchprüfung zu bestehen, während der nichts ein- oder ausgezahlt werden darf; ein drittes Mal ist Bärbels Bankverbindung verschwunden und muß erst wieder, in einer aufwendigen Prozedur, die Wochen dauert, eingegeben werden, und so weiter und so fort.

Bärbel ist eine ganz außerordentlich freundliche und ruhige Person aus Sachsen-Anhalt, die aber wirklich beschlagen in schlechten Erfahrungen scheint. Mit einem Lächeln erzählt sie, daß das Semester seit zwei Monaten angefangen habe – bislang aber noch kein einziger Student aufgekreuzt sei; man warte allgemein den am 16. Oktober beginnenden und dann vier Wochen dauernden Ramadan ab, an dem ohnehin niemand zur Uni gehe, und werde erst danach das Studium, für das man sich inskribiert habe, aufnehmen.

Was sie überdies von den Verhältnissen an der öffentlichen Universität erzählt, von zwei kleinen Unterrichtsräumen für eine ganze Fakultät, von herausgerissenen Tafeln, von einer fürchterlich schlechten Allgemeinbildung und verwahrlosten, undisziplinierten Studenten, hört sich furchtbar an. In der Bibliothek stünden Bücher zum Teil in *zwei Hälften* in den Regalen.

Dem stehe aber die pure Ignoranz von seiten der Universitätsleitung gegenüber. Eine Sachspende des DAAD in Form von Computer, Drucker, Scanner etc. sei zum Beispiel bei ihr auf dem Balkon eingelagert, weil nach Ansicht des Dekans »ausländische Geräte« in einer guten marokkanischen Universität nichts zu suchen hätten.

Vor dem Hintergrund ihrer Erfahrungen nimmt sich unser Besuch in der marokkanischen Schweiz noch einmal ganz anders aus. Das bildungspolitische Ziel dieser Universität ist eindeutig: Dort lernen die Kinder derjenigen, die die zehntausend Euro Semestergebühr aufbringen können, das amerikanische Modell, was auch gut dazu paßt, daß die Universität ja eine saudische Schenkung ist. Der Rektor mochte vielleicht noch von seinen Studententagen in Paris plaudern, seine Graduierten zieht es nach Harvard und Princeton.

Es ist wie der Spurwechsel, als die Franzosen die spanische Mittelspur aus dem marokkanischen Schienennetz tilgten – jetzt wird das französische Modell beseitigt, Amerika ist der Verbündete, dort studieren die Kinder der Eliten.

Was Marokko historisch so einzigartig macht, ist seine ungebrochene territoriale Integrität – es existiert seit 1500 Jahren, mit den unterschiedlichsten Herrschern und Machtverhältnissen natürlich, aber doch als ein Staat. Eine Revolution gab es nie, das Protektorat der Franzosen schützte die traditionelle Struktur, und auch die Lösung von Frankreich geschah friedlich und ohne solche katastrophalen Ereignisse wie in Algerien.

Die Familien, die heute mächtig sind, waren es vielleicht schon vor tausend Jahren, und das mag erklären, warum manche Marokkaner reicher sind, als man sich das bei uns vorstellen kann, und warum auch die Armut hier von ganz anderer Qualität ist – soviel undurchdringlicher, so ausweglos festgeschrieben.

Verlobungen, Diebstähle und anderes –

Letzte Tage in Rabat

Mittwoch, 29. September

Endlich wieder ein »normaler« Arbeitstag im Hotel, bei zugezogenen Vorhängen, ratternder Klimaanlage, am Schminktisch. Bitter und doch schön, weil Rabat eben Rabat ist. Ich bin nun noch einmal umgezogen und befinde mich endlich wieder auf meiner alten, der achten Etage, neben Matthias' und Michaels Zimmer. Michael ist ausgeschwärmt, Matthias dichtet, und ich nehme mir an ihm ein Beispiel und zwinge mich zur Arbeit. Aber mein Fleiß rettet mich nicht. Meine Fiebergrippe – so faszinierend sie mich auch im nachhinein Marrakesch erleben ließ – hat mich weit zurückgeworfen. Meine Aufzeichnungen und handschriftlichen Notizen sind umfangreich, meine Erinnerungen wimmeln durcheinander. Ich bin weit, weit hinter Plan.

Donnerstag, 30. September

Morgens um neun Uhr versammeln wir uns alle vor dem Institut, um gemeinsam nach Salé zu fahren, eine Lesung in einer Schule steht an. Die Schule befindet sich in einem sogenannten Quartier Populaire, einer armen Gegend – letztes Jahr wurden dort Gedichte von Kurt Drawert ins Arabische übersetzt und wohl auf eine sensationelle Weise von den Schülern auswendig gelernt und vorgetragen. Das erzählt zumindest Direktor Strauss.

Waren dessen Planungen bislang schon klug gewählt und sehr aufschlußreich für uns, so würde ich den Besuch dieser Schule – vor allem nach der bizarren und eher deprimierenden Erfahrung in der vom Saudi-Geld bezahlten, stimmungsmäßig aber lauen Kaderschmiede – als fast die schönste all unserer gemeinsamen Lese-Erfahrungen bezeichnen! Diese Lehrer und diese Kinder sind einfach phantastisch.

Zunächst werden zwei früher schon ins Französische übertragene Gedichte von Matthias vorgetragen, von einer etwas älteren Schülerin, die das sehr gut macht. Die Marokkaner lieben Poesie und bewundern jeden Dichter (im Falle von Matthias auch völlig zu Recht), es gibt großen Applaus.

Danach geht es an die ins Arabische übersetzten Stellen aus dem Tagebuch – vorgetragen von zwölfjährigen Mädchen und Jungs, die zwar alle sichtlich nervös sind, manche sogar sehr, die sich aber nicht davon abhalten lassen, betont und mit großen Gesten vorzulesen. Mein Gott, was hatte ich mir Sorgen gemacht! Dabei ist alles in Ordnung, der Text ist überhaupt nicht das Wichtigste. Die Freude und der Ernst der Kinder sind das Entscheidende.

Wenn es dem Leser dieser Aufzeichnungen noch nicht klar geworden ist, so soll es hier noch einmal explizit gesagt sein: Marokko ist jung, wunderbar jung, seine Kinder – wiewohl keineswegs von oberster Stelle gehütet und beschirmt wie ein Schatz – sind sein eigentlicher Reichtum.

Nach der Lesung dauert es vielleicht fünf Minuten, und dann prasseln von allen Seiten Fragen auf uns ein – nicht, daß unsere Antworten immer so phantastisch und klug gewesen wären, wie es die Kinder in jedem Fall verdient hätten, aber es ist doch ganz außerordentlich spannend, wir lernten alle etwas von diesen wachen, äußerst neugierigen Kindern.

Geht es mit Marokko weiter so wie bisher (das heißt also, schleichend bergab), dann haben sie keine rosige Zukunft vor sich, denn dort, wo sie herkommen, in den Quartiers Populaires, herrscht jetzt schon Gewalt und Vernachlässigung.

Dann lassen Göritz und ich (die wir schon so gut eingespielt sind, daß das Publikum in der Schule glaubte, daß wir auch sonst immer in dieser Paarung auftreten) uns an der Medina von Salé absetzen. Wir sind fest entschlossen, essen zu gehen.

Salé ist eine Eröffnung. So nah an Rabat, ist es aber doch entspannter, stiller, wohl auch viel ärmer. Die Medina ist eng, belebt, viel unübersichtlicher als die Schwesterstadt. Wir finden ein schmales Restaurant, wo in heißem Öl herausgebackene panierte Fische aller Größen angeboten werden, die ich schon in Tanger auf dem Lande probieren konnte. Sie sehen gruselig aus, sind aber wirklich köstlich. Dazu Brot, fritierte Kartoffeln, scharfe Soße. Es ist zuviel, um alles aufzuessen. Wir bezahlen beide zusammen zwölf Dirham.

Dann wandern wir weiter durch die Gassen – anders als in der Medina von Rabat merkt man, daß Salé wirklich am Meer liegt, eine römische Gründung mit Namen Salis, und die Römer schnappten sich bekanntlich immer die besten Lagen. Überall gibt es Durchblicke, blitzt die Bucht hinter dem Weiß der Häuser auf. Es gibt hier gar keine Touristen oder sonstige Ausländer, man wird nicht bedrängt, sondern aufmerksam und freundlich behandelt. Die Medina ist sehr geruchsintensiv, eng, man steht den Leuten sofort Aug in Aug gegenüber – die sich über alles, was nicht auf Angst oder Mißtrauen beruht, freuen, über jeden freundlichen Blick.

Ein aberwitzig dürrer Hühnerschlächter, der bloß noch ein paar schwarze Ruinen im Mund hat, will mir ein kleines

Stück von seinem Haschischkrümel abschneiden, in der linken Hand zwei protestierende Hühner, die mit dem Kopf nach unten hängen, aber ich lehne dankend ab. Dann sehen wir – in einer ganz stillen Gasse – zu, wie junge Männer mit Hilfe eines umfunktionierten Handquirls Garn spinnen; wir erreichen die große Moschee, ein gerade des Wegs kommender Führer nimmt uns an der Hand, und wir lassen es uns gefallen. An einer Stelle der Mauern kann man auf halb verfallenen Treppchen hochsteigen, blickt über den Friedhof von Salé und die Bucht – er zeigt uns diesen Blick und erzählt die alte Geschichte, wie Gott die Wellen dazu brachte, in Gebetshaltung an Land zu schlagen. Nachdem er uns irgendwann an der Moschee der Idioten abgesetzt hat, will er zweihundert Dirham, wir geben ihm vierzig. Alles in Ordnung.

Da die Taxis von Salé nicht nach Rabat fahren, geht man zum Fischmarkt und nimmt ein Boot. Für zwanzig Dirham rudert einen der Fährmann, der in unserem Fall noch keine Zwanzig ist, auf die andere Seite des Bouregreg hinüber, nach Rabat, dessen Kasbah die ganze Mündungsbucht hoch überragt. Es ist dies ein Vorgang, der vor Jahrhunderten nicht viel anders gewesen sein dürfte, die normalste Sache der Welt. Dauer: zehn Minuten.

Es sind vielleicht die friedvollsten zehn Minuten der ganzen Reise – mittendrin überkommt mich ein solches Glücksgefühl, daß es kein Wort und keine Gebärde gibt, um es zu beschreiben. Die Sehnsucht danach, endlich einmal in Worte zu fassen, welch erstaunliches Glück es ist, ein Erdenbürger zu sein, ist das einzige, sich von allen Bewegungen und Verwerfungen der letzten Jahrzehnte abhebende, wie ein Kork auf den Wellenbergen der Umstände schwimmende Gefühl, das sich gleichgeblieben ist. Technik und Handwerk veränderten und verbesserten sich vielleicht, aber jenes ahnende Sehnen blieb sich gleich, das Staunen über das Leben und unsere Fähigkeit, es selbst zu erleben und gleichzeitig aus weitester Ferne zu beobachten. Über nichts anderes will ich eigentlich schreiben. Und deswegen ist es mir das Schwerste.

Am Abend brechen dann alle in verschiedene Richtungen auf, die einen nach Casablanca zu einem Konzert mit dem bedeutendsten marokkanischen Zitherspieler, das Dieter Strauss organisiert hat. Die anderen, darunter unser Fotograf Michael Danner, nach Fes, der ältesten marokkanischen Stadt überhaupt, der Kapitale der Tradition.

Ich selbst bleibe zurück, und so lieb sie mir alle geworden sind, so schön ist es doch, das Büro von Direktor Strauss in Besitz nehmen und ohne Klimaanlage nur bei offener Terrassentür einsam arbeiten zu können. Erst rufe ich aber Dorle an, dann telefoniere ich mit Hans in Tanger. In Ifrane haben wir vereinbart, daß er versucht, für mich die beiden Uhren zu ersteigern, die goldene Longines und die schöne Movado, die ich damals in Tanger gesehen habe und nicht zu kaufen wagte. Da er Sonntag und Montag in Rabat sein wird, könnte er sie mir mitbringen. Ich gebe ihm meine Kaufanweisung durch, er soll den Händler im ganzen noch um mindestens achtzig Euro herunterhandeln, und wenn der sich nicht darauf einlassen sollte, nur die günstigere von den beiden kaufen, die Movado. Hans verspricht, sein Bestes zu geben.

Freitag, 1. Oktober

Am Morgen Seilspringen und Meditieren, dann Arbeit am Computer. Nachmittags gehe ich in die Medina hinunter, meinen Friseur besuchen, diesmal allerdings nicht, um mich scheren und rasieren zu lassen, sondern um Abschied zu nehmen. Sein Geschäft ist geöffnet, aber ich finde Hassan müßig vor, er blättert in der uralten Ausgabe der spanischen

Vogue, die ich selbst schon beim Warten ein paar Mal in Händen gehalten habe. Er läßt das Blatt fallen, wir geben uns die Hand, und ich setze mich zu ihm auf die Bank. Unser Gespräch nimmt den üblichen Verlauf, wir erkundigen uns gegenseitig nach unserem Befinden, nach den gemeinsamen Bekannten, doch fehlt der Unterhaltung von seiner Seite jener gutgelaunte Überschwang, den ich sonst an ihm so bemerkenswert fand. Er wirkt müde und deprimiert. Als ich ihn vorsichtig danach frage, meint er nur, es sei nichts Besonderes, die Lage im allgemeinen sei eben nicht gerade toll.

»Was kann ich schon machen?«, meint er dann, »der Laden wirft gerade genug ab, daß ich die Miete zahlen und meinen Eltern genug abgeben kann.«

»Ach so«, sage ich so überrascht, daß ich im gleichen Augenblick fürchte, ihn damit zu kränken, »du wohnst noch bei deinen Eltern?«

Er läßt sich nichts anmerken, sondern bestätigt nur nickend und meint, daß er eben kein Geld habe, um zu heiraten, und warum solle man sonst ausziehen.

»Sie haben dieses Gesetz gemacht: Du brauchst fünfzehntausend Dirham. Wenn du die nicht hast, dann darfst du nicht heiraten ...«

Ich erinnere mich, von diesem Gesetz schon gehört zu haben: Es wurde von der Frauenaktivistin Nadja erwähnt, die ich ganz am Anfang meines Aufenthaltes getroffen habe und von dieser als Gesetz gegen die Vielehe bezeichnet; der pro Eheschließung seit neuestem verlangte Geldbetrag, so wurde mir damals erklärt, verhindere, daß sich ein Mann eine junge Frau nach der anderen nehme. Aber wenn es in seiner Folge dann einem jungen Mann wie Hassan, der einen einigermaßen gutgehenden kleinen Laden betreibt, nicht mehr möglich ist zu heiraten, dann scheint es – angesichts der zahllosen jungen Leute, die überhaupt keinen Job haben – eher ein Gesetz gegen das Bevölkerungswachstum zu sein.

»Tja«, sagt Hassan und massiert sich nachdenklich seine schmalen Hände, und abgesehen vom Geld sei es fast unmöglich, eine gute Frau zu finden.

»Arbeitet deine Frau?«

Ich bejahe wahrheitsgemäß, ohne aber zu erwähnen, daß Dorle bald in Mutterschutz gehen wird.

Hassan schnalzt mit der Zunge und meint, eben, das sei gut und richtig, aber solche Frauen seien in Marokko einfach ganz schwer zu finden.

Er blickt düster auf die Sammlung alter Hochglanzmagazine, dann schaut er zum Eingang und meint, daß heute nichts los sei, und da er den Laden anschließend wegen des Freitagsgebets sowieso zumachen müsse, schlage er mir einen kleinen Spaziergang vor, er wolle mir etwas zeigen.

Also treten wir auf die Gasse, Hassan klappt den hölzernen, dunkelgrün gestrichenen Laden vor die Tür und verschließt ihn mit einem Vorhängeschloß. Sein Laden liegt ziemlich nahe am Rand der Medina, und nachdem wir um zwei, drei Ecken gebogen sind, treten wir durch einen schmalen Durchgang in der Stadtmauer, überqueren die Straße und betreten so den Friedhof, der sich den ganzen Hügel hinaufstreckt. Oben lassen wir uns auf ein paar großen Markierungssteinen nieder. Der Blick reicht weit über das Meer, die kleine Strandpromenade und die Badebucht, den Leuchttum und die Küstenstraße. Die Sonne steht schon tief über dem Ozean, und Hassan erzählt mir, daß er jeden Morgen und jeden Abend hierherkomme. Wie sich alles verändert habe. Die Mole zum Beispiel, die habe es nicht gegeben, als er Kind gewesen sei. Ja, und das Strandwächterhäuschen auch nicht, überhaupt, die Zeiten änderten sich mit rasender Geschwindigkeit.

Als wir aufstehen, um zurückzugehen, bleibt er mit seinem Fuß an einem scharfzackigen Stein hängen und gibt einen zischenden Seufzer von sich. Das Rheuma, wie er mir erklärt. Er dreht sich noch einmal um, sieht zur Bucht hinunter und fügt noch hinzu, daß sie als Kinder praktisch das ganze Jahr hindurch beim Surfen am Strand gewesen seien, auch im Winter, einfach immer, ganz gleich, wie kalt es gewesen sei. Sie hätten keine Anzüge gehabt, und jetzt säße ihm das Rheuma in den Knochen. »Aber zum Glück«, meint er dann noch, »zum Glück ist es in den Handgelenken noch nicht so schlimm.«

Als wir wieder an seinem Laden sind, steht der gutgelaunte ältere Belgier, den ich noch von meinem ersten Besuch bei Hassan kenne, vor der Tür, und der Friseur beeilt sich, aufzusperren. Dabei freut er sich wie ein Junge, dem unverhofft ein Herzenswunsch in Erfüllung gegangen ist. Endlich Arbeit! Ich verspreche, ihm in den nächsten Tagen noch meine Hamburger Adresse vorbeizubringen. Als er mir zum Abschied überglücklich und grinsend die Hand hinstreckt, wage ich kaum, sie zu drücken.

Auf dem Rückweg ins Hotel nehme ich einen anderen Weg, durchstreife einige Gassen, die Richtung Hafen gehen, in denen ich noch nie war, und kaufe endlich ein vielleicht zwanzig auf zwanzig Zentimeter großes, zusammenklappbares Schachbrett, das aus einem Korpus aus einfacherem, dunklem Holz besteht, auf dem das eigentliche Spielbrett aus quadratischen Plättchen aus zwei Sorten Holz aufgeklebt ist. Solche hölzernen Schachbretter sind neben Teppichen und Lederwaren die geläufigsten Artikel auf den Märkten – meines ist weniger perfekt als die meisten, die ich gesehen habe, die Felder sind nicht vollkommen rechtwinklig zugeschnitten, sondern in sich windschief, es ist ein Einzelstück, der Händler hat kein anderes Schachbrett mehr unter seinen auf einer Stoffbahn ausgebreiteten Waren. Dafür aber sind die beiden verwendeten Hölzer, in einem dunklen Braun und einem sehr hellen Ton, wunderschön.

Wieder im Hotel, entdecke ich, daß man in einem der

dunklen Quadrate sogar ohne blühende Phantasie das Portrait eines Mannes erkennen kann, der einem aus der Struktur des Astlochs entgegenblickt. Hat man ihn einmal entdeckt, dann ist es verblüffend, wie genau und bis ins feinste Detail seiner Kleidung er nachgebildet ist. Man erkennt neben der Fliege an seinem Hemdkragen auch einen schmalen, gestutzten Schnurrbart. Nach einer Weile bin ich davon überzeugt, daß es sich bei dem vom blinden Zufall porträtierten Menschen um den alten Thomas Mann handelt. Je länger man es betrachtet, desto deutlicher wird es.

Am Abend dann spielen Matthias und ich mit dem neuen Brett Schach auf der Terrasse des Traditionshotels »Belima«. Dabei entdecken wir neben Thomas Mann noch den vagen Schatten einer jungen Frau (mit Schleier), eine groteske, comicartige Visage und ein Gespenst – allesamt Zeichnungen aus der Tiefe des langsam gewachsenen Ebenholzes. Uns fasziniert der Gedanke, welche Gesichter all die Spieler, die in der Vergangenheit vor diesem merkwürdigen Brett saßen, wohl schon darin gesehen haben mögen. Das Spiel selbst geht recht zäh voran, wir wollen beide keine Fehler machen und quälen uns gegenseitig durch ewig langes Nachdenken. Erst gegen ein Uhr kommen wir zum Ende.

Samstag, 2. Oktober

Heute ist die Verlobungsfeier, zu der mich Rachid eingeladen hat. Pünktlich um neun Uhr holt er mich an unserer Ecke unweit des Hotels ab. Wir teilen uns einen Mietwagen, es ist ein gar nicht so alter Peugeot 506, den Rachid günstig für 400 Dirham über einen Bekannten auftreiben konnte. Im Auto seiner Familie, dem alten Renault Cinque, fahren nämlich seine Eltern und seine Großeltern. Sein Bruder Mohammed muß in Rabat bleiben und nicht nur seine eigene, sondern auch noch anschließend Rachids Schicht in der Teleboutique übernehmen. Wir nehmen die Autobahn, wobei Rachid, der noch nie einen anderen Wagen als den kleinen Cinque gefahren ist, jedem meiner Vorschläge zum Überholen und Beschleunigen widerspricht. Nein, auf keinen Fall, viel zu gefährlich. Außerdem sagt mir ein Blick auf die Spritanzeige, daß Rachid wohl nur das Nötigste getankt hat und durch nichts zu erschüttern ist. So fahren wir mit knapp siebzig Kilometern in der Stunde Richtung Casa, und Rachid erklärt mir in etwa die familiäre Situation – gefeiert wird die Verlobung seines jüngsten Onkels väterlicherseits, der gerade das zweiunddreißigste Lebensjahr vollendet hat. Da ist der Neffe also nur ein paar Jahre jünger als der Onkel.

Nach einer guten Stunde verlassen wir die Autobahn, nehmen eine zweispurige Landstraße, die uns nach zwanzig Minuten zu einem kleinen Dorf führt. Dort wohnt einer der älteren Brüder. Das Haus ist groß, hat mehrere Salons Marocains in verschiedenen Farben und eine geräumige Küche, in die ich zunächst gebeten werde. Das Haus, erzählt mir stolz der Hausherr, wurde von Franzosen gebaut und ist schon über fünfzig Jahre alt. Von der Küche sieht man in einen relativ großen Hintergarten, in dem unter Bäumen eine Kuh angebunden steht. Es ist hier deutlich heißer als in Rabat, wo zumindest immer ein frisches Lüftchen von der See weht. Wie in ganz Marokko hat es auch hier schon sehr lange nicht mehr geregnet. In der Mitte der Küche steht ein riesiger Kühlschrank, auf dem wiederum der Fernseher thront. Mir zuliebe wird EuroNews eingeschaltet. Als ein weiterer Bruder mit seinen Kindern ankommt, gehen wir alle – mittlerweile schon ein gutes Dutzend Personen – in einen der Salons, wo nach einer Weile Rachids Eltern, sein Großvater und sein Onkel eintreffen, der zukünftige Bräutigam. Sie kommen vom Gebet und tragen festliche Dschellabas. Es gibt Tee, und dann werden die unvermeidlichen Gâteaux Marocains herumgereicht. Sofort spüre ich wieder das Zucken der Gazellenhörner in meinem Magen, und obwohl es wahrscheinlich unhöflich ist, lehne ich bedauernd ab. Eine der anwesenden Tanten, die mich sehr aufmerksam beobachtet, protestiert sofort, aber es ist eher ein Scherz, ich komme noch einmal davon.

Danach soll vor dem Haus noch eine Kleinigkeit gegrillt werden, man bittet mich noch einmal in die Küche, und nur der Bräutigam Ismael, der sich inzwischen einen Anzug angezogen hat, setzt sich neben mich. Ich habe, wie schon vorhin im Salon Marocain, wo man ja auf dem Boden sitzt oder sich auf den Polstern ausstreckt, den Lotussitz eingenommen. Ismael fragt mich sehr respektvoll, ob ich Yoga machen würde, ich nicke. Er will wissen, ob ich also Buddhist sei. Ich antworte ausweichend, daß ich das für mich selbst nicht einfach bejahen könne, da ich in meinem Leben einigen wesentlichen Prinzipien des Buddhismus – so weit ich ihn zumindest verstanden habe – zuwiderhandeln würde, daß ich aber der Meinung sei, daß dem (an der Stelle zögere ich, weil ich erst ZEN-Buddhismus sagen will, meinem Gesprächspartner dieses Sektierertum aber wahrscheinlich unverständlich ist), daß dem Buddhismus unter den Religionen der Welt die Zukunft gehöre.

Das glaube er nicht, sagt Ismael. Er ist glattrasiert, hat wie alle männlichen Mitglieder seiner Familie, die ich kennengelernt habe, ein schmales Gesicht mit hoher Stirn und deutlichen Wangenknochen und einen dunklen, makellosen Teint. Die Haare hat er zurückgekämmt. Er ist gutaussehend, immer noch sehr jungenhaft, aber mit den wachen Augen eines intelligenten Mannes mit einer gewissen Lebenserfahrung, der es in seinem Beruf schon zu etwas gebracht hat.

»Ich glaube«, sagt er lächelnd und mit sanfter Stimme auf französisch und blickt dabei auf seine grazilen Hände, die er im Schoß gefaltet hält, »die Zukunft ist der Islam.« Von draußen hört man die Schreie der Kinder, und durch das leicht geöffnete Fenster dringt ein erster Anhauch des entzündeten Grillfeuers in die Küche.

Wie seltsam es doch ist, wenn ein und derselbe Satz aus zwei Mündern etwas ganz anderes zu sagen scheint – ich will Ismael gerne antworten, finde jedoch keinen rechten Ansatzpunkt. Fast ist es so, als hätte ich selbst leichtfertig gesprochen, denn weniger ist es mir vielleicht um die Zukunft der Religionen zu tun als um die unserer Menschheit, wenn sie sich nicht zu gewissen Grundhaltungen entschließen kann, wozu vielleicht gehört, eher auf Enthaltung und Verzicht zu setzen, als immerzu nur Expansion im Äußeren anzustrengen. Es ist eine defensive Haltung, die ich nun aber auch darin spüre, daß mir einfach nicht einfallen will, was ich Ismael erwidern könnte.

Gewiß, dies ist der Tag seiner Verlobung, es ist strahlendes Wetter, und er kommt gerade aus der Moschee – doch spüre ich deutlich, daß der Ernst seiner Worte von der Außerordentlichkeit des heutigen Tages zwar getragen, aber nicht ausschließlich gespeist wird.

Weder trägt Ismael die äußeren Anzeichen eines strenggläubigen Muslim wie etwa Talia Abbes, der Teppichhändler aus Marrakesch, noch hat er irgend etwas von einem Radikalen – alles an ihm ist gemäßigt, ruhig, gelassen; aber es ist nichts Selbstgefälliges in dieser Gelassenheit, sie ist wahrhaft mild. Der Islam kennt keine vermittelnden Autoritäten zwischen Gott und dem einzelnen Muslim – auch wenn unsere Vorstellung eine ganz andere ist und die radikalen Anführer, die Mullahs und Ajatollahs, die sich aufschwingen, um zum Heiligen Krieg zu rufen, den Islam zu bestimmen scheinen: Die Wahrheit ist, daß es nur einen Propheten gibt und daß die Verantwortung für den Islam in den Händen jedes einzelnen Muslim liegt. Niemand kann dem einzelnen das Gebet abnehmen; niemand das Fasten, niemand die Wallfahrt nach Mekka und auch niemand das streitende Eintreten für die Wahrheit des Glaubens. Trifft er auf einen Ungläubigen, so soll er ihn bekehren. Der Islam ist expansiv, kann es gar nicht anders sein, denn er ist von Beginn an keine Institution, sondern eine Bewegung, etwas grundsätzlich Dynamisches. Doch schafft sie keine Doktrin – sondern eine Praxis, einen Handlungszusammenhang von den ersten Tagen des Propheten bis heute. Jeder rechtlebende Gläubige soll sich zu jeder Zeit an der Spitze dieser Bewegung fühlen, und er muß den Islam mit einer Entschlossenheit und Vollständigkeit leben, als wäre er der einzige Muslim auf der Welt. Allen Widerständen zum Trotz und wenn nötig auch mit Gewalt – niemals gab es auf diesem Planeten eine ähnlich schnell wachsende, ähnlich dynamische Bewegung wie den Islam. Was aber war sein Erfolgsrezept? Es bestand wohl in der Praxis des Propheten, seine besiegten Gegner ohne Sanktion in die Gemeinschaft aufzunehmen und um so besser zu behandeln, je ärger die Feindschaft gewesen war. Der Islam entstand aus der Intoleranz der alten, halb-barbarischen, polytheistischen Gesellschaft auf der arabischen Halbinsel und speziell der Stadt Mekka, wo man Mohammads Ideen eines absoluten Monotheismus nicht dulden wollte. Die Stadt verstieß ihn und seine paar engen Freunde und Anhänger, die Urzelle der Sunna, der Gemeinschaft der Gläubigen, und zwang sie zur Auswanderung nach Medina.

Abgeschnitten vom eigenen Clan, waren die Muslime gezwungen, die Stammeszugehörigkeit und die alten Feindschaften hinter sich zu lassen, nach neuen Verbündeten zu suchen und Raubzüge durchzuführen, um zu überleben; nach dem Sieg über Mekka (das schon seit Urzeiten das wichtigste Heiligtum und die zentrale Pilgerstätte der Araber war) wuchs das Herrschaftsgebiet des Propheten mit rasender Geschwindigkeit – durch die Versöhnung mit den besiegten Feinden. Es kann sich versöhnlich und furchtlos friedlich nur zeigen, wer stark im Glauben ist. Die Stärke des Glaubens wächst mit der Unmittelbarkeit, mit der der Gläubige die Präsenz Gottes zu fühlen und zu begreifen lernt. Wo der Islam aggressiv ist, da ist sein Glaube schwach, weil er nicht über die Erfahrung verfügt. Wo er einem hingegen gelassen und fromm entgegentritt wie bei Ismael, da spürt man seine frische Kraft und die Stärke, die er dem Einzelnen verleiht. Er will bekehren, aber nicht mit Worten, sondern mit Taten. Er ist die Praxis. In diesem Sinne, als Praxis der Versöhnung, ist der Islam die Zukunft. Doch fühle ich mich nicht in der Lage, Ismael das wortwörtlich zu erklären – also sage ich nur, ich wüßte, daß der Islam die Religion des Friedens sei und daß man der Menschheit für ihre Zukunft tatsächlich ja nichts Besseres wünschen könnte als Frieden – Salam! Ismael lächelt, legt mir die Hand auf den Arm und murmelt seinerseits eine Formel der Bekräftigung. Dann schweigen wir. Und das gefällt mir für den Moment ganz hervorragend. Das Gespräch bewegt mich doch sehr.

Ich erinnere mich mit einem Mal an die Bauernhöfe, die den Schwestern meiner Mutter gehörten, jene fernen Samstagnachmittage auf dem Lande, zwischen dem leichten Grusel des Stadtkindes während der Besuche tierdampfender Ställe, in denen irgendwelche herzensguten, vielleicht etwas rauhbeinigen Onkel Mist schaufelten, und dem anschließenden Aufenthalt in riesenhaft dimensionierten Küchen, wo man ein Wurstbrot bekam, während Berge von Obstkuchen und sahnigen Torten auf den Beginn des verwandtschaftlichen Kaffeekränzchens warteten.

Derselbe weißblaue Himmel lugt durch die Fenster, nur daß die Kuh weiter hinten eben nicht auf einer sattgrünen Apfelwiese, sondern unter zwei großen alten Mandelbäumen steht und auf das staubige Areal des Hintergartens blickt.

* * *

Dann kommt Rachid herein und meint, draußen gebe es gegrilltes Fleisch. Er schlägt mir grinsend auf die Schulter, komm, sagt er, laß uns etwas essen.

Die Spieße sind köstlich, man schmeckt, daß das Fleisch ganz frisch ist. Als alles vertilgt ist, brechen wir mit vier Fahrzeugen auf. Nach einigem Bitten von meiner Seite nimmt Ismael freudig neben Rachid Platz, wir im großen Peugeot werden den Konvoi anführen. Ich sitze hinten zwischen zwei der Tanten. Wir fahren über Land, kommen durch die üblichen, zerfallend wirkenden, an der Straße entlanggestreckten Kleinstädte, passieren einen Schweinemastbetrieb, der wahrlich zum Himmel stinkt (was von sämtlichen im Wagen anwesenden Personen lauthals beklagt wird), und halten schließlich auf einem kleinen Parkplatz, dem gegenüber drei uralte Straßenbaumaschinen stehen, zwei Fertiger und eine Walze, groß wie Saurier. Wir steigen aus, und nach einer Weile erfahre ich, daß wir hier mit den Musikern verabredet sind, die den Bräutigam beim ersten Besuch bei seiner Braut und den zukünftigen Schwiegereltern traditionellerweise begleiten. Man ist um 14 Uhr hier verabredet. Genug Zeit, um noch ein wenig zu plaudern.

Ismael erzählt mir von seiner Arbeit, er ist Kfz-Mechanikermeister und arbeitet an einer Schule in Rabat, an der junge Leute, die auf dem freien Markt keine Stelle gefunden haben, eine Ausbildung erhalten. Automechanikermeister also und Ausbilder. So wie mein seit einigen Jahren pensionierter Vater. Als ich Ismael dies mitteile, muß er lächeln.

Rachid habe ihm erzählt, daß wir unsererseits ein Kind erwarteten. Ich bejahe, er schlägt mir freundlich auf die Schulter und lacht. Dann entschuldigt er sich für einen Moment und geht zu einem der anderen Wagen, um mit seinen Brüdern über die Verspätung der Musiker zu sprechen, die seit einer halben Stunde überfällig sind. Eine der Tanten erklärt mir (oder ich glaube das zumindest zu verstehen), daß es sich um besonders gute Musiker handele, die ziemlich ausgebucht seien und gerade vorher noch auf einer anderen Feier gespielt hätten. Sicher würden sie jeden Moment eintreffen.

Mir wird die Zeit nicht lang, ich stehe am Rand des Parkplatzes im Schatten und beobachte die Familie, mit der ich so unvermittelt unterwegs bin, und wie zuvor schon in der Küche mit Ismael überkommt mich ein rätselhafter Schauder – als wären wir weit draußen in den Siebzigern meiner Kindheit, aber das mögen auch die alten Autos und Maschinen und überhaupt der Formenschatz des öffentlichen Bauens sein, der einen fünfundzwanzig, dreißig Jahre in die Vergangenheit schauen läßt. Das Bewußtsein aber, mit allem um mich herum vollkommen vertraut zu sein, nimmt traumartige Züge an. Die drei Wagen und die Wartenden zwischen ihnen, die Art, wie sie miteinander die Lage besprechen, sich immer wieder umschauen und die Arme dabei auf ärgerliche Weise in ihre Hüften stemmen, das alles begreife ich unmittelbar. Ich kenne sie alle.

Ismael könnte jemand wie mein Vater als junger Mann sein, und da ich ihm bei den Verlobungsvorbereitungen auf dem marokkanischen Lande zusehen kann, gibt es mich – seinen Besucher – also noch gar nicht. Ich bin ein Spion aus der Zukunft, ein freischwebender Punkt – wenn auch nur für einen Moment, denn dann holt mich eine der beiden Tanten und erklärt mir, man habe mit den Musikern telefoniert, sie seien aufgehalten worden, müßten aber gleich eintreffen.

Tatsächlich vergeht noch eine knappe halbe Stunde, bis der klapprige weiße VW-Bus, auf den alle gewartet haben, am Straßenrand stoppt, um sich dann unserem Konvoi anzuschließen. Ismael nimmt die Verspätung sichtlich mit. Er entschuldigt sich bei mir und meint, daß es doch gewiß viel angenehmer wäre, in einem Land wie Deutschland zu leben, in dem die Pünktlichkeit oberstes Gebot sei. Als wir dann aber im Dorf seiner Braut eintreffen, herrschen dort allerdings solche Begeisterung und solcher Trubel, daß niemand mehr über die Verspätung spricht. Das knappe Dutzend Musiker, allesamt hochgewachsene, schlanke Männer mit ausgeprägten Gesichtszügen, die so wirken, als ob sie einem anderen Stamm angehörten, tragen lange grüne Gewänder und führen ein reichhaltiges Instrumentarium aus einer Art länglicher, großer Posaunen und zahllosen Schlaginstrumenten mit sich. Der Anführer singt mit hoher, kehliger Stimme und schlägt dazu etwas wie ein Tamburin, zwischendurch antworten ihm die anderen im Chor – es ist wilde Musik, unbändig und aufmüpfig und wie getragen vom Geist der wilden Jagd, die zurückkehrt und davon tönt, was sie alles erlegt hat. Sie gehen uns voran ins Dorf hinein, das mit einer kleinen Mauer zur Straße hin umgeben ist. Nach fünf Minuten langsamer Prozession haben wir das Elternhaus der Braut erreicht, wo Ismaels Schwiegervater heraustritt, ihn in die Arme schließt und danach jeden einzelnen von uns mit Wangenkuß begrüßt.

Er ist nur etwas kleiner als ich, aber ausgesprochen wohlbeleibt, vielleicht um die fünfzig Jahre alt. Seine Wangen sind glatt und weich und von einem dünnen Schweißfilm kalt wie Eis. Aus der staubigen Hitze kommend, hat die Berührung mit seiner kühl-samtigen Gesichtshaut etwas eigenartig Befremdliches, zumal in seiner Umarmung durchaus Kraft liegt, es ist fast so, als würde man in dieser Begrüßung durch den Hausherrn gleichsam berochen und dabei auf Herz und Nieren geprüft.

In der Mitte des Hauses bilden die Musiker schließlich einen Kreis, der von den anwesenden Männern und Frauen umringt wird, die Musik wird immer ekstatischer, die Bläser und die Trommler steigern sich in ein aufpeitschendes Wechselspiel, dazu werden die Gesänge des Chorführers leidenschaftlicher, er treibt seine Mitspieler an, die ihm immer öfter chorisch antworten; alle anderen tanzen mit erhobenen Armen um die Musiker herum, feuern sie mit Klatschen und Rufen an und stecken ihnen gelegentlich kleinere Bündel Geldscheine zu. Nach kurzer Zeit gibt es kaum noch einen freien Platz, und wir paar Männer, wie Ismael, Rachid und ich, die sich nicht zum Mittanzen entschließen können, stehen mit dem Rücken zur Wand. Leider läßt eine der Tanten Rachids, die sich schon den ganzen Tag rührend um mich bemüht gezeigt hat, nichts unversucht, um mich erst zum Tanzen zu bewegen und mich dann unversehens in die Mitte des Kreises zu bugsieren. Ich protestiere, aber sie gibt keine Ruhe, und als ich wieder hinauswill, fängt sie mich ab und versperrt mir den Weg. Der Chef der Musiker, der neben der Gesangsführerschaft auch noch eine Art von Conférencier gibt, grinst mir aufmunternd zu und klatscht freudig in die Hände, um meinem Rhythmus aufzuhelfen. Die Tante ist begeistert.

Ich bin dann, als der ganze Zirkus zur Zufriedenheit aller endlich zu Ende geht, gar nicht so unglücklich darüber, als sich Männer und Frauen trennen, letztere mit den Kindern zusammenbleiben, während den Männern ein eigener Salon zur Verfügung steht. Ich sitze neben Ismael, links von mir sitzt der Schwiegervater und daneben Rachids Großvater. Es sind zwei große runde Tische aufgebaut, wo sich alles in allem über ein Dutzend Männer niederläßt. Rachids Großvater, der Patriarch mit schlohweißem Haar und Bart, hat zwölf Söhne, und neun davon sind heute hier. Dazu kommen noch zwei Brüder des Schwiegervaters und seine zwei anderen Schwiegersöhne, denn der Hausherr hat sieben Töchter, und diejenige, die heute verlobt wird, ist die vierte.

Zunächst spricht der Schwiegervater und Hausherr feierliche Worte, die immer wieder von allen Männern mit respektvoll ausgesprochenen Grußformeln beantwortet und schließlich von allen gemeinsam mit dem Lob und Dank Gottes abgeschlossen werden.

Schüsseln, um sich die Hände zu waschen, kreisen, und kaum ist das geschehen, werden auch schon die gewaltigsten Tajine-Töpfe hereingetragen, zunächst Rind, wie ich es schon kenne, mit Datteln, Pflaumen und Nüssen. Das Fleisch fällt bei der kleinsten Berührung weich vom Knochen ab, und es dann mit dem frischen Brot, das man tief in die süßlich-ölige Sauce getaucht hat, zu verspeisen und dazu noch eine Dattel abzulutschen, das ist unerhört köstlich. Jeder der Männer legt mir besonders saftige Stücke vor und ermuntert mich, kräftig zu essen. Vor allem einer der Brüder Ismaels hat mich unter seine Fittiche genommen und bedient mich mit riesigen Brocken, und während ich mit dem Essen nicht nachkomme, examiniert er mich. Irgendwann fragt er mich nach meinem Beruf, ich sage: Schriftsteller. Was das heiße? Nun ja, ich würde Bücher schreiben. Bücher schreiben? Und was verdient man da so? Er macht dabei ein verdutztes Gesicht und reibt Daumen und Zeigefinger naivunschuldig aneinander.

Jetzt greift Ismael ein, sein Bruder solle sich doch bitte zurückhalten, aber der Große setzt sich durch und meint, schließlich säße ich hier am Familientisch, also könne über solche Dinge durchaus geredet werden. Ich bin ihm kein bißchen böse, denn große Brüder eines gewissen Schlags benehmen sich eben so, damit habe ich mich längst abgefunden.

Wieder überkommt mich dieser seltsame, glasklare Anhauch von Heimat, ein freischwebendes Losgelassensein, und lachend beschwichtige ich Ismael, er solle sich keine Gedanken machen, mein großer Bruder würde mich solche Dinge auch immer fragen. Und lache dabei so herzlich, daß die ganze Runde einstimmt, bis auf den großen, der natürlich Mohammad heißt. Wahrscheinlich fragt er das jeden, und jetzt war mal einer da, der sich nicht ärgern ließ.

Danach kommt der zweite Gang, wieder Tajine, doch diesmal ist es Geflügel, ein riesiger, knusprig braun gebackener Hahn, dessen Fleisch nicht weiß und strohig, sondern rot und fest ist und eher an Wild erinnert. Auch diese Tajine ist köstlich, und wieder werden mir märchenhafte Stücke vorgelegt, doch kann ich davon eigentlich nur noch kosten. Trotzdem bereitet es allen am Tisch das größte Vergnügen, mich zu ermuntern, mehr zu essen, fast komme ich mir vor wie ein Vögelchen, das nun von allen, die es gefunden und nach Hause gebracht haben, mit Leckerbissen gefüttert wird. Dabei fließt nicht ein Tropfen Alkohol, im Hause gläubiger Muslime eine Selbstverständlichkeit. Dennoch bin ich nach einer Weile berauscht. Was mich trunken macht, sind natürlich die köstlichen Aromen und Substanzen des Essens, jener schwelgende Überreichtum an Gutem, den ich – nach vier Wochen unregelmäßiger, unsicherer Ernährungslage – um so mehr zu schätzen weiß; berauscht bin ich aber auch von der nach kurzer Zeit unwiderstehlichen Gastfreundschaft, an der alle, die zur Familie gehören, sich beteiligen, also alle. Wie schon auf den Straßen der Städte herrscht auch hier beim privaten Festmahl eine unmittelbare Sinnlichkeit; ist man dort Hand in Hand unterwegs, so teilt man hier das Essen unmittelbar miteinander – das Gemeinschaftliche, die vertrauensvolle körperliche Nähe und das geteilte sinnliche Vergnügen an der Speise sind es, die zusammengenommen den Einzelnen trunken machen. Es ist die ausgelassene Gemeinschaft der Speisenden, in der sich ihre Frömmigkeit mitteilt.

Nach den Tajines folgen – natürlich – Süßigkeiten und Tee, den der Bruder des Brautvaters zubereitet, wobei er eine erstaunlich große Menge Zucker im silbernen Teetopf unterbringt. Es handelt sich dabei nicht um den losen Zucker, den unsere Zuckermonopole in Europa vermarkten, sondern um faust- bis nahezu kleinkindkopfgroße Kristalle. Dem ob seiner Aufgabe sichtlich stolzen Teemeister bei dieser Zeremonie zu folgen und ihn mit der Minze und dem heißen Wasser und vor allem mit dem Zucker hantieren zu sehen, ist ein wahres Vergnügen. Dabei, so scheint mir, begreife ich endlich dieses sprichwörtliche Vergnügen der Marokkaner am Zucker – wenn man aus staubiger Hitze kommt und sich niederläßt, um schwere, dunkle, fleischige Speisen mit den Fingern zu sich zu nehmen, leuchtet das strahlende Weiß der edelsteinhaften Zuckerbrocken danach ganz besonders rein und wohltuend unberührt.

Rachid und ich sind die ersten, die das Fest verlassen, gegen 16 Uhr, ohne übrigens die Braut zu Gesicht bekommen zu haben. Rachids Großvater, der sich während des Essens in stoisches Schweigen gehüllt hatte, sitzt auf der Rückbank, daneben eine seiner zwölf Schwiegertöchter mit einem vielleicht zwei Jahre alten Mädchen. Wir nehmen die drei mit nach Rabat. Das Mädchen ist sichtlich erschöpft, und es weint anfangs fürchterlich, was sowohl seine Mutter als auch seinen Großvater dazu bringt, es lautstark zu beruhigen; Rachid spricht mit der eindringlichen Stimme des Fahrers und droht ihr, sich immer wieder für kurze Momente nach hinten wendend, mit der Schule, wie er mir später erklärt. Doch das Kind weint, bis es schließlich vor Erschöpfung auf dem Schoß seiner Mutter einschläft. Ich genieße es, der Beifahrer zu sein und nichts anderes zu tun zu haben, als die gelegentlich leicht schrundige Autobahn entlangzublicken und Rachids energiesparende Fahrweise zu bewundern. Gegen 18 Uhr kommen wir in Rabat an, Rachid läßt mich am Hotel aussteigen, dann muß er sich beeilen, um seine Verwandten drüben in Salé abzusetzen und den Mietwagen rechtzeitig zurückzubringen.

Am Abend dann treffen Matthias und ich uns noch mit dem Kollegen El Hakmoui vom Schriftstellerverband; am interessantesten ist das Gespräch, als es zeitweilig um Bier geht. Ich frage ihn, ob er bayerisches Weißbier kennen würde, er verneint, ich versuche zu erklären, worin der Unterschied zu normalem Bier bestünde, bin mir aber nicht sicher, ob es mir gelingt. Seiner Meinung nach liegt die Wiege des Bierbrauens in Belgien. Dann erzähle ich von einer Idee, die mir vor ein paar Tagen gekommen ist – ich bin der Meinung, daß ein Importgeschäft für die zahllosen alkoholfreien Bierspezialitäten, vor allem aber die alkoholfreien Weißbiere, hier in Marokko florieren müßte. Man könnte den Leuten zu Bier verhelfen und ihnen den Konflikt mit dem Islam ersparen. Hakmoui ist ganz anderer Meinung – niemand würde ein Bier ohne Alkohol haben, geschweige kaufen wollen. Aber warum? frage ich, der Geschmack ist wirklich hervorragend. Fast versteht er die Frage nicht. Niemand trinkt Bier wegen des Geschmacks, erklärt er, es gehe doch nur um den Alkohol. Beim Nachdenken über ein Gegenargument fällt mir nur ein, daß man THC-freies Dope bei uns wahrscheinlich auch nicht verkaufen könnte. Die Idee mit dem Importgeschäft für alkoholfreie Weißbiere zerrinnt mir zwischen den Fingern, und die anschließende Konversation über gemeinsame Bekannte in Form anderer Dichter (die dann doch keine Bekannten sind) bestreiten die beiden alleine. Dann verabschieden wir uns bis morgen, wo abends ja die gemeinsame Lesung im Goethe-Institut stattfindet.

Sonntag, 3. Oktober

Michael und Matthias, Feli, Florian und ich brechen gegen 11 Uhr mit Michaels Mietwagen auf, um einen Tag am Meer zu verbringen. Es ist wieder strahlendes Wetter, kaum ein Wölkchen ist am Himmel zu sehen. Mein Vorschlag war, nach Skhirat zu fahren, wohin mich die Straussens vor einem Monat mitgenommen hatten. Allerdings ist es viel weiter, als ich es erinnerte, und zwischendurch muß ich der unwilligen Besatzung des kleinen Renault, die schon umkehren und in die andere Richtung an den Plage des Nations fahren will, schwören, daß es den Ort tatsächlich gibt. Nach vierzig Minuten kommt dann endlich die Ausfahrt Temara-Plage, von der Skhirat noch einmal zehn Minuten entfernt liegt.

Über den Fischmarkt, dessen Durchquerung so spät am Vormittag schon eine gewisse Herausforderung an die Geruchsnerven darstellt, gelangen wir zum Strand. Wie immer, wenn ich das erste Mal seit langer Zeit baden gehe, überkommt mich beim ersten Eintauchen ins Wasser ein überwältigendes Glücksgefühl, eine überschäumende Freude und das plötzliche Bewußtsein, daß es nichts Herrlicheres gibt, als zu baden, und daß man es viel zu selten tut. Es gibt ordentliche Wellen, und Matthias und ich versuchen uns in der Kunst des Bodysurfens. Ich bin eigentlich ein Süßwasserschwimmer und habe wenig Erfahrung mit dem Meer. Mittendrin überkommt mich so etwas wie ein Wellenrausch, eine Besessenheit, immer noch eine Welle mitzunehmen und die nächste und noch die eine weit draußen, die so verheißungsvoll aussieht. Ohne es zu bemerken, werde ich immer mehr abgetrieben und verliere bei einer besonders heftigen Turbulenz, die mich mit sich zieht und mich umherwirbelt wie ein Hölzchen, die Orientierung. Meine Hände schürfen mit einem Mal über einen großen Felsen, darüber erschrecke ich mich, und schon erwischt mich die nächste Welle. Wieder spüre ich Felsen unter mir, aber dann reiße ich mich zusammen, konzentriere mich und erreiche nach einigen Zügen den Strand, wo ich mich erst einmal ausstrecke. Ich war fast zwei Stunden im Wasser und bin erschöpft und glücklich wie ein Hund. Dann richte ich mich auf, um zu sitzen. Der Lotussitz läßt sich nach dem ausgiebigen Bad wunderbar flüssig und leicht einnehmen. Fast erschrecke ich, als ich bemerke, in welch guter Verfassung für das Sitzen ich bin. In den ersten Minuten prüfe ich die verschiedenen Schwach- und Schmerzpunkte, aber da ist nichts mehr. Meine Hände liegen einfach, aber ganz sauber ineinander, in meinen Schultern ist nicht der Hauch einer Anspannung. Nach einer Weile stelle ich fest, daß mein Körper ganz leicht schwankt, meine Atmung geht von selbst, mein Blick ist auf den Sand gerichtet, der in gläserner Köstlichkeit daliegt – plötzlich höre ich ein leichtes Schnarchgeräusch. Von mir selbst. Wie schon einmal in Hamburg ist mein Körper offensichtlich eingeschlafen; mein Bewußtsein hingegen ist vollkommen wach. Als ich mir dieses Umstands ganz sicher bin und dabei noch immer die Konzentration aufbringe, mich nicht selbst aus Versehen zu wecken, habe ich folgenden, blitzschnell auftauchenden Gedanken, der mir das Rückgrat hochschießt und es zum Glühen bringt. Leider braucht man viele Worte, um den Gedanken zu erklären, wenn man das überhaupt kann.

Graf Dürckheim sagt, daß der gymnastische Sinn des Zen-Sitzens darin besteht, dem Körper »den ursprünglichen Tonus zu verleihen«. Um zu begreifen, was das ist, muß man verstehen, woher das Leben auf der Erde kommt. Dies ist ein wäßriger Planet, das erste Lebewesen war also so etwas wie eine Alge. Ein Einzeller, der eigentlich nur aus Wasser bestand, mit einem unkomplizierten Stoffwechsel und einer fundamentalen Funktion: der Atmung. Kein visueller Sinn, kein Gehör, sondern wohl nur so etwas wie ein taktiler Sinn über die Membran. Jedes Lebewesen auf diesem Planeten ist der Nachfahre dieser ersten Alge, und in der Übung geht es darum, den Körper durch Führung des Atems und aufrechten Sitz zu jenem Grundgleichgewicht zu führen, jener schwebenden Seligkeit einer gesunden Alge in einem frischen, unverseuchten irdischen Meer. Wenn dem so wäre, dann hätte das Alkoholverbot des Islam einen höheren Sinn – denn Alkohol greift wie kein anderes Genußmittel in den Wasserhaushalt der Zellen ein. Den aber muß man hegen und pflegen.

Wer sonst sollte darüber Bescheid wissen, wenn nicht die Wüstenbewohner? Der Stoff, von dem die Araber also wirklich etwas verstehen, ist vielleicht gar nicht das Erdöl, sondern das Wasser.

Damit erwache ich und löse den Sitz; kaum Schmerzen. Beschließe, noch ein wenig den Strand hinunterzutraben. Was für ein Wunder, daß ich laufen und mich bewegen kann.

* * *

Am Abend dann die letzte Lesung im Goethe-Institut. Es sind vielleicht gut sechzig Menschen da, neben Matthias und mir sind El Hakmoui und die Prosa-Autorin Latifa Baqa eingeladen. Madame Baqa wird bald nach Berlin gehen, um dort, so wie ich hier, vier Wochen lang Tagebuch zu führen. Ich bin der letzte, der liest, wobei immer anschließend die arabische Übersetzung von einem Moderator vorgetragen wird. Wieder werde ich mit meinen ersten Aufzeichnungen von vor vier Wochen konfrontiert, wieder sehe ich in den Augen meiner Zuhörer den Widerspruch keimen, da etwas Negatives über Marokko geäußert wird; wieder muß ich mich nach der Lesung rechtfertigen, tue dies, da meine Arbeit nun endlich geschafft ist, allerdings mit echter Gelassenheit. Zwar war meine Unbedachtheit bei der Auswahl der zu übersetzenden Texte wieder einmal eklatant – letztlich aber war sie dennoch glücklich, weil die rhetorische Position, zu der sie mich zwang, mich jedesmal wieder nach meinem Herzen fragen ließ. Da waren Texte, die davon sprachen, daß ich nicht fort aus Hamburg wollte und daß es in Rabat müffelte wie in einem ungepflegten Hallenbad. Doch mit meiner Reise nach Tanger drehte sich plötzlich der Wind. Ich lernte Marokko zu lieben und saß dennoch bei den Lesungen jedesmal wieder mit mir selbst vor ein paar Wochen zusammen.

Ich hätte viel lieber andere Stellen vorgelesen, aber da war eben nichts zu machen. So hing es ganz von meiner Haltung auf dem Podium ab, ob es mir gelang, das Publikum zu versöhnen. Das war eine gehörige Übung. Ihr Ende nun löst, bei aller Dankbarkeit, recht angenehme Empfindungen bei mir aus.

Danach gibt es noch ein Büfett im »Le Weimar«, ein paar Häppchen und einen Schluck Wein. Angenehme Erschöpfung stellt sich ein. Achraf ist da, Fouad der Fotograf, meine Arabischlehrerin Fatima. Ich habe nach der zweiten nie wieder eine Stunde bei ihr genommen. Na ja. Wir sagen uns trotzdem ganz nett auf Wiedersehen. Gehe dann relativ früh schlafen, bin vom Baden todmüde. Morgen heißt es Abschied nehmen.

Montag, 4. Oktober

Der letzte Tag. Das letzte Frühstück im Bélère, diesmal sind wir drei ganz alleine, alle sind abgereist, niemand kam nach. Zum letzten Mal lauschen wir der Endlosversion von Last Christmas. Ich bin mit Hans Tischleder aus Tanger verabredet, der ja in meinem Auftrag die beiden Uhren erwerben sollte. Wir wollen uns um 13 Uhr im Foyer des Goethe-Instituts treffen und anschließend im »Chez Maman«, Hans' Lieblingsrestaurant in Rabat, Mittag essen gehen.

In meinem Koffer bewahre ich seit meiner Ankunft noch über 250 Euro auf, die ich nicht gebraucht habe, weil ich vom Goethe-Institut meine Tagegelder in Dirham ausgehändigt bekam und ich mir auf Reisen eigentlich immer ganz gerne eine eiserne Reserve harter internationaler Währung aufbewahre. Als ich nun meinen Geldbeutel aufschlage, den ich zwischen den Strümpfen und T-Shirts versteckt hatte, ist alles weg. Ich mag es erst gar nicht glauben, frage mich, ob ich es vielleicht doch schon irgendwo ausgegeben habe, aber da wäre doch vielleicht zumindest ein kleiner Schein zurückgeblieben. Da aber alles weg ist, muß ich bestohlen worden sein. Während unseres Ausflugs nach Ifrane wechselte ich das Zimmer, irgend jemand hat meinen Koffer ins neue Zimmer befördert, und dabei muß es passiert sein.

Nachdem ich den Koffer vollständig ausgeräumt und alles andere Gepäck eingehend untersucht habe, ohne eine Spur des Geldes zu entdecken, haste ich nach unten an die Rezeption und erkläre dem diensthabenden Portier, was geschehen ist. Ich kenne ihn seit vier Wochen, wir haben uns immer nett und freundlich unterhalten. Nun allerdings – als ich mit meiner Diebstahlsgeschichte herauskomme, versteinert sein Gesicht auf der Stelle. Das alles sei bedauerlich, aber er könne sich eigentlich nicht vorstellen, daß einer der Angestellten des Bélère so etwas tun würde. Ob ich mir ganz sicher sei?

Ja, das bin ich. Allerdings bringt mich sein Tonfall auf. Ich frage ihn zurück, ob er mir allen Ernstes, der ich nun seit vier Wochen hier wohnte, unterstellen wolle, ich würde mir so eine Sache ausdenken? Er wehrt ab, setzt dann aber nach einer kurzen Pause die Frage hinzu, warum ich denn das Geld nicht, wie vom Hotel empfohlen, im Safe deponiert habe.

Ich antworte, daß ich mich hier eben sicher gefühlt habe, ja, daß mir das Bélère wie mein eigenes Zuhause vorgekommen sei – aber da sei ich ja wohl einer Illusion aufgesessen. Ich rege mich jetzt doch mehr auf, als ich es vorhatte, und bevor ich noch vor dem Portier, dessen Gesichtsausdruck eindeutig signalisiert, daß der Fall für ihn erledigt ist, in Tränen ausbreche, verlasse ich die Lobby und laufe Richtung Medina.

Das Ekelhafteste ist die Vorstellung, daß irgend jemand meine Sachen durchsucht hat; ärgerlich ist aber auch meine Naivität. Der Verlust des Geldes ist noch das am wenigsten Unangenehme; der Verlust des Vertrauens hingegen schmerzt. Als ich die Medina erreiche, fällt mir nichts Besseres ein, als zu Hassan, dem Friseur, zu gehen, aber der ist nicht da, sein Laden ist verschlossen. Also drehe ich wieder um und nehme trotzig und ratlos dieselbe Strecke zurück. Kurz bevor ich die Medina verlasse, sehe ich einen jungen Lumpensammler müde eine riesige öffentliche Mülltonne durchwühlen. Unsere Blicke treffen sich, und in diesem Moment schlägt mein Ärger um und verwandelt sich – was um alles in der Welt bringt mich nur dazu, solche massiven Flüche und Verwünschungen auszustoßen, wo es das Schicksal doch im Vergleich zu den allermeisten Menschen um mich herum in materieller Hinsicht so ausgesprochen gut mit mir gemeint hat?

Was soll das für ein Meditieren und spirituelles Üben sein, wenn mich so eine Kleinigkeit derart aus der Fassung zu bringen vermag? Ich blicke meinem nur ein paar Jahre jüngeren Bruder ins Gesicht, der von dem lebt, was andere Marokkaner als Abfall betrachten, der sich wahrscheinlich darüber freut, wenn er manchmal genug zu essen hat, und der dennoch versucht, dem Fremden, der ihm mit zornig-verwirrtem Ausdruck gegenübersteht, freundlich entgegenzublicken; und im Angesicht des lächelnden Lumpensammlers schäme ich mich mit einem Mal in Grund und Boden. Ich möchte sofort wegsehen oder besser noch weglaufen und mich in einen dunklen Raum verkriechen und meine Scham von dem präzisen Schmerz der Beine im Lotussitz wegspülen lassen. Aber irgend etwas hindert mich daran wegzusehen, also grüßt er mich nun, mit einem müden Nicken des Kopfes, unter dem Arm irgendwelches Verpackungsmaterial aus Plastik. Plötzlich begreife ich, daß der wahre Sinn des strengen Meditierens und der spirituellen Übung nur darin bestehen kann, den Unterschied zwischen Übung und alltäglichem Leben auszulöschen.

Ich habe die Wahl – jetzt auf der Stelle fortzulaufen und die Kränkung meines Egos und meine Scham im stillen abzuarbeiten, bis die Beine schmerzen und ich wieder ein gutes Gewissen habe, oder aber hier und jetzt auf den Ballast der Übungen und der Rituale zu verzichten, all die Bilder von der Erhabenheit des ZEN und meine lächerlichen Vorstellungen von einer Samuraikunst des Seilspringens über Bord zu werfen und zu begreifen, daß die wahre Übung darin besteht, sie ins Leben hinauszutragen; was weiß denn der Lumpensammler von meinem Unglück, wenn ich es ihm nicht erzähle?

Also greife ich instinktiv in meine Hosentasche, wo ich immer noch viele Dirhams mit mir führe, und gebe ihm ein dickes Paket. »Für dich.« Er begreift sofort, wie wichtig es mir ist und nimmt meine Gabe freundlich an. Danach verlasse ich die Medina, und jeder Schritt schmeckt süß.

* * *

Beim Essen dann erzählt mir Hans von seinen Bemühungen im Uhrenladen; der Händler war leider schlauer als ich. Nachdem er verstanden hat, daß Hans noch einmal wiederkommen und abermals versuchen würde, ihn zu drücken, nahm er die goldene Longines, die das eigentlich wertvolle Stück war, aus dem Angebot. Hans gegenüber behauptete er, er hätte sie verkauft. Also kaufte dieser – entsprechend meinen Anweisungen – nur die Movado, und es kann sein, daß die achtzig Euro, die dafür zu bezahlen waren, zuviel sind. Die knapp vierhundert, die ich für beide bezahlt hätte, wären wahrscheinlich ein gutes Geschäft gewesen. Na gut, das war nicht mein erster Fehler bei Geschäften und wird nicht mein letzter sein. Die Movado ist auf jeden Fall schön, hat eine kleine Sekunde auf der Sechs und auf der Drei eine schön gestaltete Tagesanzeige.

Wir speisen Salatherzensalat mit Joghurt-Knoblauch-Dressing und anschließend Spaghetti Bolognese. Ich habe nach all den Verwirrungen des heutigen Tages unglaublichen Appetit und stoße bei Hans auf Wohlwollen, als ich ihn überrede, nach der einen Flasche eiskalten Rosé noch eine zweite zu trinken.

Dann geht es zurück ins Hotel, wo man meiner Rückkehr mit Eisesmiene begegnet, aber ich habe das wirklich längst abgehakt. Ich ziehe zum ersten Mal den Glencheck-Anzug mit Knickerbockerhose an, dann marschiere ich mit dem Gepäck auf die andere Straßenseite zum Institut, wo schon der kleine Mercedes-Bus wartet, mit dem Mohammad, der Fahrer des Instituts, Matthias und mich nachher zum Flughafen bringen wird. Vorher sind wir alle zusammen noch drei Stunden auf dem Empfang der deutschen Botschaft zum Nationalfeiertag. In Absprache mit den Türken, deren Nationalfeiertag auch der 3. Oktober ist, feiern die Deutschen dieses Jahr am 4., so können die Diplomaten Rabats auf beide Empfänge gehen und müssen keine undiplomatische Entscheidung treffen, wo es ihnen besser gefällt.

Brief an einen Freund

Hamburg, 9. Oktober 2004

Lieber Tobias,

vielen Dank für dein Lebenszeichen und deine Nachfrage, ich komme leider erst jetzt erst dazu zu antworten. Ich bin seit Dienstag, dem 5. Oktober, 9 Uhr Ortszeit wieder zurück aus Marokko. Als du deine Nachricht abgeschickt hast, war ich nicht, wie von von dir angenommen, auf Teppichen reitend und um Kamele feilschend in der Wüste von Marrakesch, sondern schon wieder in Rabat. Ich habe es ein paar Mal bei euch in der Berliner Wohnung versucht, es ging aber nie jemand dran. Jetzt weiß ich, warum. Ich hoffe, du kommst in New York an deine E-Mails heran!

Ich jedenfalls war mehr oder weniger abgeschnitten. Auf einer so langen Reise hat man natürlich irgendwann anderes im Sinn und überläßt den Account ein wenig sich selbst (zudem habe ich zwischendurch den Zettel mit meinen Zugangsdaten verschmissen). Als ich wieder zu Hause war und meinen Rechner, der mir auf der ganzen Reise treu überall hin gefolgt ist, wieder mit seinen zu Hause gebliebenen Hard-Ware-Mitarbeitern wie Router und Drucker zusammengebracht hatte, mußte ich feststellen, daß sie sich jetzt endgültig nichts mehr zu sagen hatten.

Unmittelbar nach einer Orientreise im naßfeuchten Hamburg zu sitzen und sich vom ersten Tag an mehr oder weniger mit dem lange Jahre schon hinausgeschobenen Umbau der informationstechnischen Infrastruktur beschäftigen und gleichzeitig einigermaßen regelmäßig arbeiten zu müssen, war nicht ganz leicht. Du weißt, wie man sich fühlt, sobald Datenverluste auf breiter Basis drohen, wenn man nicht ins Internet kann, um zu recherchieren – wenn alles ächzt und stöhnt und auch wieder nur man selbst schuld ist, weil man früher hätte handeln müssen. Das Schwere tun, solange es noch leicht ist. Na ja.

Dazu kam, daß ich Dorle (die mir nach all den verschleierten und oft fülligen Frauen in Marokko ganz ehrlich schlank vorkam, obwohl sie im achten Monat ist) nur am Abend meiner Rückkehr gesehen habe – es war schade, sie kam erst gegen neun Uhr abends von einer Aufzeichnung aus der Redaktion, es gab Abendbrot, ich hatte die Nacht vom Montag nicht geschlafen, war also todmüde und konnte der Versuchung nicht widerstehen: Das war vielleicht herrlich, sich im eigenen Bett ausstrecken zu können.

Immer wieder wachte ich aus Erschöpfung auf, redete wirres Zeug und hinderte Dorle am Schlafen. Ich muß wie ein sich wälzender, ständig vor Behagen aufseufzender alter Bär auf sie gewirkt haben. Ein halb unbekannter Jemand mit Verhaltensweisen und Ausdünstungen, die einer Hochschwangeren nicht geheuer sein können. Ihre empfindlichen Sinne müssen zum inneren Protest gegen einen solchen sich breit machenden Gesellen aufrufen, der seinerseits nach vier Wochen nächtlicher Einsamkeit in wechselnden Hotelbetten ein furchterregend besitzergreifendes Für-sich-sein entwickelt hat und am meisten dadurch stört, daß er gar nicht mal mitbekommt, daß er stört. Und so, scheint mir, war sie gar nicht so unglücklich darüber, am nächsten Morgen ganz früh nach Frankfurt auf die Buchmesse fahren zu können.

Ich habe gefroren wie ein Hund, bin zweimal am Tag im Nieselregen zu »Starcomputer« geradelt, habe Notizen gemacht und viel geschlafen. Die Reise war viel anstrengender, als ich gedacht hatte, doch habe ich viel gelernt, und wie immer fängt wahres Lernen bei einem selbst und den Verschachtelungen des Egos und den eigenen Unfähigkeiten an.

Hat man aber nach einer Weile in etwa begriffen, wie die Dinge funktionieren, dann kann man sich als ungebunden reisender weißer Mann, noch dazu mit den Privilegien, die ich genießen durfte (die Organisation von Unterkünften und Kontaktpersonen durch das Goethe-Institut, das für marokkanische Verhältnisse luxuriöse Tagegeld etc.), schnell dabei ertappen, dies Land für eine Art Paradies anzusehen – aber Vorsicht! Die marokkanische Gesellschaft wird immer freier, je männlicher man ist und je mehr Geld man hat.

Das von der äußerst kultivierten Gastfreundschaft, der Herzlichkeit und den sozialen Kunstwerken, die man dort erlebt, zu trennen, würde keinen Sinn machen: Sonst würde man einfach übersehen, wie viele junge Marokkaner beiderlei Geschlechts nichts lieber täten, als ihr Land auf der Stelle zu verlassen. Daß viele sich dabei Illusionen machen, was sie wohl im Norden oder Westen erwarten würde, liegt in der Natur der Sache.

Hier bei uns ist es kalt. Die Ausgestorbenheit der Straßen, die Langsamkeit und traurige Insichgekehrtheit der Menschen, das Fehlen von Kindern im Straßenbild. Dafür ist alles blitzblank. In den ersten Tagen hier habe ich mich wirklich ein wenig gefürchtet – am Beunruhigendsten wirkt die physische Einsamkeit der Passanten.

Ein Spaziergang durch eine marokkanische Stadt ist dagegen immer ein Bad in der Menge: Jeder einzelne ist der Badende, und alle zusammen sind das Wasser.

Die Marokkaner, die ich kennenlernen konnte, waren meist furchtlos. Jeder ist neugierig, was der andere so macht.

Dort unterwegs zu sein, bedeutet, sich mitzuteilen – je öfter man stehen bleibt, um sich freundlich mit jemandem zu unterhalten, desto besser und schöner wird das Leben. Wenn man nichts versteht, dann geht das natürlich nicht, denn das erzeugt Furcht, und Furcht ist nicht die richtige Haltung, denn für den Fall, daß man gegenüber einem Marokkaner Furcht zeigt, werden sich sein Interesse und auch seine Fürsorglichkeit melden und ihm eingeben, deiner Furcht auf den Grund zu gehen. Man selbst wird eine abwehrende Haltung einnehmen, und dadurch wird man weiteres Näherkommen provozieren. Es ist ein Kreislauf, der nur dadurch unterbunden werden kann, daß der Furchtsame seine Furcht verliert. In der Praxis bedeutet das eigentlich, daß man seine Vorurteile verlieren muß.

Wie nicht anders zu erwarten, war ich voller Vorurteile – wobei es interessant war zu sehen, daß Vorurteile dort sitzen, wo man nichts von ihnen weiß. Oder besser gesagt, ein Vorurteil ist so etwas wie ein Überbrückungselement: Wenn es funktioniert, fließt Strom, und das eigene Birnchen leuchtet auf, man ist zufrieden und hält alles für klar und durchscheinend – das ist das Schwierige an einem Vorurteil, wenn es funktioniert, dann ist es *unsichtbar.* Deswegen hat man die hartnäckigsten Vorurteile oft auch gegenüber sich selbst und seinesgleichen. Was aber ist ein Vorurteil eigentlich? Es ist ein altes, in der Vergangenheit geprägtes Bild, das man fatalerweise über eine ganz neue Situation stülpt.

Allem, was wahrem Hinsehen im Weg steht, ist Furcht beigemischt, ja mehr noch, geht man der Sache auf den Grund, dann gibt es nur die Furcht. In dem Maße, in dem man seine Furcht verliert, sieht man. Wahres Hinsehen ist automatisch wahres Lernen. Wahres Lernen wiederum erzeugt vom ersten Augenblick an wirkliches Wissen: Wirkliches Wissen erkennt sich selbst und erkennt sofort das viele Nicht-Wissen, das man jahrelang für Wissen gehalten hat, das aber nur Vorurteil war. Das Bewußtsein von Wissen und Nicht-Wissen aber markiert den Qualitätssprung, um den es geht.

Es gibt eine in diesem Zusammenhang erhellende Begebenheit, die sich ganz am Ende meines Aufenthaltes abgespielt hat und mit dem Hotel in Rabat oder eigentlich besser dessen Gästen zu tun hat. Das Vorurteil zeigt sich schon im Sprachgebrauch, der selbstverständlich zwischen den Gästen und ihrem Beobachter unterscheidet und dabei so tut, als wäre derjenige, der den Gedanken äußert, etwas anderes als ein Gast.

Das Hotel Bélère ist ein sechsstöckiger Bau aus den Achtzigern, schräg gegenüber des in einer Seitenstraße liegenden Goethe-Instituts. Für den Direktor des Instituts ist es ein für die Unterbringung seiner Logiergäste günstig gelegenes Haus, mit dem er einen unschlagbaren Pauschalpreis ausgehandelt hat.

Zum Pauschalpreis waren auch die übrigen achtundneunzig Prozent der Hotelgäste untergebracht – es handelte sich dabei, du wirst es bei einer Lektüre der ersten Seiten des Tagebuchs unschwer entdecken, um Busreisende aus dem Norden.

Die Busse treffen in der Regel am frühen Nachmittag ein. Während die Koffer ausgeladen und die Zimmer verteilt werden, gibt es einen Begrüßungscocktail, der mir nach *Pfirsichsaft gespritzt* aussah, ob allerdings mit Sekt oder Selters weiß ich nicht, ich habe ihn nie probiert.

Nach dem Einchecken besichtigen die Gruppen dann Medina und Kasbah von Rabat. Anschließend gibt es ein dreigängiges Abendessen im Restaurant. Am nächsten Morgen noch das Frühstück und Weiterfahrt zum nächsten Hotel, in der nächsten Stadt. Mittagessen irgendwo auf dem Weg.

Zwei bis drei solcher Busse schleust das hart arbeitende Personal des Bélère täglich durch. Die Reisenden selbst sind meist älter, und vielen von ihnen sieht man an, daß das Essen die wesentlichste Rolle in ihrem Leben spielt – als ob das in meinem Leben anders wäre! Und genau deshalb fürchtet man sich ja vor anderen Leuten – weil man ihnen ähnlich ist, ohne mit ihnen in Verbindung gebracht werden zu wollen.

Ganz gleich, ob die Busreisenden aus Dänemark, Deutschland oder Spanien stammten – es waren Europäer, und die Beziehungen, die man heute als mittelalter Europäer zu seinen älteren Mitmenschen hat, sind oft von der furchtsamen Vorstellung geprägt, wie wohl der eigene Lebensabend aussehen möge, einst in dreißig, vierzig Jahren. Es ist ein einziges Sperrfeuer der Projektionen und Übertragungen. Man sitzt ungern in einem von europäischen Busrentnern überschwemmten Speisesaal, weil sie das zu verkörpern scheinen, was einem selbst droht, nämlich alt und unter sich zu sein.

Aber auch in dem gruseligsten Szenario kann man sich ja bekanntlich einrichten – sofern man eine Schublade oder eine Matrix findet, aus der man sich mit vorgefertigten Bildern bedienen kann, um die Wirklichkeit nicht zu sehen.

Eines Morgens beim Frühstück, es war in der letzten Woche unseres Aufenthalts, schälte sich nämlich aus der Menge der üblichen Busrentner und mittelalten Pauschaltouristen eine Gruppe junger Franzosen heraus, die später zum Frühstück erschienen und länger sitzen blieben. Genau wie Michael, Matthias und ich. Es war vielleicht ein gutes Dutzend wunderschöner, ganz offensichtlich hochsensibler und faszinierender Frauen sowie auffallend gutaussehender, dünner Männer, die alle zusammen todschick aussahen. Berlin Mitte auf französisch.

Wir waren alle beeindruckt, einigten uns aber ziemlich schnell darauf, daß wir es wahrscheinlich mit einer Gruppe von »Graphikdesignstudenten« auf Studienreise zu tun hatten. Auch als sich der Aufenthalt der schönen Franzosen hinzog, änderten wir unsere Meinung nicht – schließlich wechselten wir kein Wort miteinander. Für die anderen kann ich nicht sprechen, bei mir hatte es vor allem mit der Tatsache zu tun, daß es *Franzosen* waren. Französisch als Fremdsprache in einem afrikanischen Land zu sprechen, mit Leuten, für die Französisch auch fremd ist, ist ein Vergnügen – niemand kümmert sich um die Fehler, die man macht.

Sobald allerdings wunderschöne junge Franzosen auftauchen, »Graphikdesignstudenten«, taucht auch die alte Beklommenheit sofort wieder auf, und man bringt kein Wort heraus, ganz so, als würde man gerade seinen ersten Milchkaffee in irgendeinem Blutsauger-Café in St. Germain des Prés bestellen.

Als Gruppe wirkten sie überdies so beunruhigend perfekt, weil zwar jeder und jede wunderschön und interessant, aber dennoch irgendwie ganz anders war als der oder die andere. Trotz dieser faszinierenden Individualität schienen sie aber alle in der Gruppe Platz gefunden zu haben – es war, als würde der Cast einer französischen Daily-Soap einen Betriebsausflug machen, ohne die üblichen Intrigen und Gemeinheiten, sondern als wirkliches Team. Uns tropften die Augen.

Einmal, als ich beim Meditieren am Strand von Rabat war, habe ich zwei der Franzosen beobachtet, wie sie hoffnungsvoll an das Gewässer heranschritten, um sich dann von der Verschmutztheit des Sandes und der Unmöglichkeit zu baden zu überzeugen und – genau wie ich einst – am Leuchtturm kehrt zu machen.

Sie kamen auf ihrem Rückweg drei Meter an mir vorbei, der ich zwischen feinteiligem Plastikmüll aller Art auf meiner Babydecke im Lotussitz saß und (scheinbar) in die Brandung starrte – aber nichts, nicht einmal ein Nicken, weder von mir noch von ihnen.

Ich hatte meine Ausrede, und die anderen hatten wahrscheinlich ihre, dabei saß man seit Tagen jeden Morgen beim Frühstück zusammen und sah sich dabei zu, wie man seine

Cornflakes kaute. Aber nichts, kein Wort, nicht einmal ein Nicken – alles zu kompliziert, voller Furcht und gegenseitigem Mißtrauen. Typisch europäisch eben.

Wie sich dann herausstellte, handelte es sich bei den Graphikdesignstudenten um das vollständige Ballet de Lorraine, dem Vernehmen nach das zweitbeste Ballett der französischen Republik, das sich auf ausgedehnter Nordafrika-Tournee befand. Organisiert vom Institut Français, das auf der anderen Seite des Hotels liegt, waren sie wie wir im Bélère untergebracht worden und gastierten im riesigen Theater Mohammed V.

Samstagnacht sahen Matthias und ich von unseren Balkonen aus, wie die Tänzer in großer Abendrobe und ausgelassener Stimmung zum Hotel kamen – sie hatten die letzte Vorstellung mit einer Party im Institut Français gefeiert und waren offensichtlich froh, Rabat zu verlassen.

Es wäre sicherlich interessant gewesen, sich mit ihnen zu unterhalten, und sei es nur als »Dialog« europäischer Künstler, die sich auf den, von ihrer jeweiligen nationalen Kulturbürokratie gelegten und bewachten Pfaden bewegten, die sich zufällig in Rabat, der Hauptstadt Marokkos, überschnitten. Aber nichts davon geschah – statt dessen ging jeder am Abend schön weiter in sein eigenes Kulturinstitut, um sich die fällige Ration Alkohol zu sichern. Wahrscheinlich hielten sie uns im Gegenzug für eine Gruppe spießiger deutscher Geographiestudenten oder so.

Die am besten arbeitenden Vorurteile betreffen immer uns selbst und haben die Angewohnheit, sich zu reproduzieren.

Vorurteil Nummer Eins: Man selbst wäre ein Mensch ohne Vorurteil.

Vorurteil Nummer Zwei: Die anderen würden von sich (*allerdings zu Unrecht*) dasselbe annehmen.

Sehr oft haben sich, auch im Tagebuch festgehaltene, Beobachtungen meinerseits als falsch oder mißverständlich herausgestellt: allerdings sehr selten da, wo ich das vermutet hätte. Obwohl ich in den zurückliegenden Wochen immer wieder am Text des Tagebuchs gearbeitet habe, konnte ich mich in den seltensten Fällen dazu entschließen, solche provozierenden Stellen zu verbessern oder zu streichen, weil das Gefüge aus Verstehen und Lernen, das zur Darstellung gebracht werden soll, dadurch verfälscht werden würde – würde ich von Anfang an die Folgen meines Unwissens und meiner verschiedenen Übertragungen ausmerzen, würde ich mich also schlauer und gewandter darstellen wollen, als ich tatsächlich war, so würde ich ihn seiner Existenzberechtigung berauben.

Denn neben der Sorge ums Essen gilt ja eigentlich die ganze Aufmerksamkeit der Rätselhaftigkeit des sozialen Lebens, das man beobachtet, das noch unverständlicher ist als die Sprache und ihre Schrift. Es war recht faszinierend zu sehen, wie hartnäckig einem die Sinne weismachen wollen, daß sie weiterhin sinnstiftende Details und Informationen liefern würden.

Manchmal hört man nämlich irgendwelche Wörter heraus, die natürlich nie das bedeuten, was man selber annimmt, glaubt also zwischendurch zu verstehen, versteht dann wieder nichts, und dieses qualvolle, aber ja auch nur scheinbare Hin-und-Her (in Wahrheit versteht man nämlich gar nichts) fesselt die Aufmerksamkeit. Da man nichts versteht, ist man verunsichert. Verliert man allerdings die Furcht, so wird die Unwissenheit zu einer vorzüglichen Führerin. Es gab einen Augenblick, wo ich plötzlich vor der ganzen unverständlichen, aber vielsprechenden Wirklichkeit resignierte und akzeptierte, daß da für mich nichts zu verstehen war.

Wenn ich mit jemanden in Verhandlungen eingetreten war, dann begann ich folglich auf den Ausdruck der Augen und auf den Klang der Stimme zu achten. Nicht mehr darauf, welche Wörter benutzt wurden – sondern darauf, was sie sagen wollten und das meistens weder kompliziert noch merkwürdig, sondern allenfalls freundlich zu verstehen gewesen war.

Man muß das Fremde über sich gehen lassen wie Wasser, das Verstehen entwickelt sich – wie das Schwimmen vielleicht – sowieso unabhängig von der planenden Intelligenz. Man versteht plötzlich und ist eigentlich sogar eher überrascht davon.

Jedenfalls erlebe ich das Arabische mittlerweile als eine wahrhaft schöne, ich würde sogar sagen, süß klingende Sprache.

Deswegen war es so bemerkenswert, was ich unmittelbar nach der Rückkehr in unsere Hamburger Wohnung erlebte.

Am Flughafen nahm ich ein Taxi, an dessen Steuer ein griesgrämiger Graubart mit ärmelloser Lederweste saß, der nichts sagte bis auf eine, von neuen Nachrichten aus Nürnberg provozierte, dann aber mit wirklichem Nachdruck hervorgebrachte Bemerkung, daß man das ganze Arbeitslosenamt auflösen und einfach zugeben solle, daß es keine Arbeit mehr gäbe – sehen Sie sich doch um, sagte er, auf die Prachtbauten unter dem nebelgrauen Hamburger Himmel weisend, ist doch schon alles fertiggebaut hier, ist doch nichts mehr zu tun, da muß schon ein Krieg kommen, der alles kaputt macht. Ohne einen starken Bau (und ich verstand, daß er selbst wohl einst am Bau tätig gewesen war) habe es noch nie genug Arbeit in Deutschland gegeben. Ein deutlicheres »Willkommen daheim« hätte mir kaum entgegenschlagen können.

Schließlich erreichten wir Eilbek, ich zahlte ein halbes marokkanisches Monatsgehalt für das Taxi, schleppte die Koffer nach oben, trat dann sofort ans obere Nordfenster, öffnete es, und das erste, was ich sah, waren WESPEN, die nach wie vor ihren Bau unter den Dachziegeln ansteuerten und es sich nicht nehmen ließen, mich Zurückgekehrten auf so selbstverständliche Weise zu umschwirren, als wäre ich niemals fort gewesen.

Es war ein seltsames, schwirrend-irreales Glücksgefühl, das sich noch verstärkte und sich auf der Stelle gleichsam zu einer anderen Resonanz aufschwang, als ich eine männliche Stimme hörte, die gut vernehmlich aus dem Gebüsch an den Ranken des S-Bahndamms drang, wo wohl irgendwelche Gleisarbeiter tätig waren. Ob du mir glaubst oder nicht – die Stimme, die ich hörte, sprach Arabisch, aber nicht das derbe, ungeschliffen-lustige Arabisch der Marokkaner, sondern eine andere, elegantere, zurückgenommene Spielart, vielleicht Libanesisch. Es war getragen und glasklar, und mir lief ein elektrischer Schauer über das Rückgrat. Ich blieb ganz ruhig dabei, lauschte den Worten des Mannes, der seinen Gedanken in aller Ruhe zu Ende führte und dann verstummte, um auch stumm zu bleiben. Es war erhaben, ganz sonderbar.

Gott ist groß, dachte ich, und Mohammad ist sein Prophet.

Und damit war ich wieder zurück.

Beste Grüße nach New York,
Ich hoffe, wir sehen uns so bald wie möglich –

Dein S.

Anhänge

Eine Anekdote aus den achtziger Jahren

Am Anfang meiner bewußten politischen Biographie steht ein Verfassungsbruch. Eine Geschichte aus den Achtzigern, die ihren Höhepunkt darin fand, daß mein bester Freund Waldo den größten Eddingstift, den ich je gesehen hatte, aus seiner Umhängetasche holte. Er präsentierte ihn wie ein wagemutiger und verschlagener Revolutionär, der in einer prekären Situation seine Nothandgranate hervorzaubert und damit das Unternehmen in letzter Sekunde rettet. Er bekam den Verschluß des Eddings erst nicht herunter, steckte ihn in den Mund und verkeilte seine Backenzähne mit den scharfkantigen steinharten Lamellen des Verschlusses und drehte mit aller Kraft, bis es knackte. Der Edding war nagelneu und wirklich beeindruckend.

Wir bezogen mehr oder weniger unseren gesamten Revolutionsbedarf bei »Schreibwaren Blintmüller«, was nicht nur am vorzüglichen Warenangebot lag, sondern vor allem daran, daß Waldos Vater, der Rechtsanwalt war, beim Blintmüller ein Konto auf seine Kanzlei laufen ließ, auf das Waldo frei zugreifen durfte – für Schulsachen.

Der Edding, den Waldo mir nun triumphierend präsentierte, besaß einen Umfang von einigen Zentimetern und einen schräg angeschnittenen Filzkopf, der einen imponierenden Geruch nach Lösungsmitteln ausströmte. Ich erinnere mich ganz genau, es war Volksfest in Pfaffenhofen, ein strahlender oberbayerischer Freitagnachmittag im September. Nach der Schule waren wir mit anderen Freunden in der Redaktion der Schülerzeitung zusammengekommen, hatten danach Weißbier getrunken, um uns schließlich zu zweit, zwischen Verachtung und Größenwahn schwankend, auf dem Volksfest herumzutreiben. Wir gingen nur hin, um uns an der Atmosphäre aus Blasmusik, Bier- und Tabakdunst zu gruseln und zu erregen. Alles, was wir haßten, schien da versammelt.

Als wir das Volksfest am späten Nachmittag verließen, entdeckten wir schräg gegenüber vom Haupteingangstor etwas, das uns die Sprache verschlug. Wir standen unserem Hauptfeind gegenüber. Aber in einem Ausmaß, von dem wir bis dahin nichts geahnt hatten.

Dazu muß man sagen, daß Wahlkampfzeit war, Landtagswahl. Zum ersten Mal trat bei dieser Wahl auch ein ehemaliger Fernsehjournalist an, der in Bayern durch eine Sendung berühmt geworden war, die der Bevölkerung oder recht eigentlich »Volkes Stimme« Gehör verliehen hatte – in Live-Übertragungen aus solchen, über alle Regionen Bayerns verteilten Bierzelten, wie sie auch auf dem Volksfest in Pfaffenhofen standen, konfrontierte Franz Schönhuber Landräte, Bürgermeister und Regierungspräsidenten mit empörten Bürgern. Als Sendung war es so etwas wie das paradiesische Imago jedes Stammtischs – nicht nur in öffentlicher Rede seine Meinung zu sagen, sondern die Schuldigen der jeweiligen Miseren, die verdammten Politiker, auch noch direkt angreifen zu können. Die Sendung machte ihn populär, denn er nahm kein Blatt vor den Mund und tendierte immer zum Publikum und gegen die Politik.

Nachdem er ein Buch mit Erinnerungen an seine Zeit bei der Waffen-SS veröffentlicht hatte, trennte sich der Bayerische Rundfunk von ihm. Ein paar Jahre danach kandidierte er als Spitzenkandidat einer von ihm gegründeten Partei namens »Die Republikaner« für den Bayerischen Landtag.

Das erste Wahlplakat, das wir irgendwann im Juni 1987 zu Gesicht bekamen, stand auf einer kleinen Verkehrsinsel, die genau zwischen dem Haus, in dem Waldo wohnte und in dessen erstem Stock die Kanzlei von Waldos Vater war, und

»Schreibwaren Blintmüller« auf der anderen Seite der Hauptstraße lag. Da wir wußten, daß er ein Faschist war, empörten wir uns auf der Stelle. Politik spielte eine große Rolle. Wir standen ziemlich weit links von der DKP, wobei Waldo pragmatischer war als ich, er zeigte sich vor allem fasziniert von der kubanischen Revolution, außerdem schrieb er Gedichte. Ich hingegen versuchte seit meinem vierzehnten Lebensjahr vergeblich, Ernest Mandels Hauptwerk »Der Spätkapitalismus« zu Ende zu lesen – ich bewunderte Trotzki, der einen Heldentod gestorben war.

Die freiheitlich-demokratische Grundordnung, auf der unsere Verfassung beruht, schien uns ein großer Witz, der die begabtesten Karikaturisten in den Redaktionen von Schülerzeitungen wie der unseren immer wieder zu bissiger und monotoner Satire antrieb. Besonders beliebt waren Darstellungen von Franz Josef Strauß, des damaligen Bayerischen Ministerpräsidenten, wie er irgendeinem Diktator der Dritten Welt die Hand schüttelt (zum Beispiel Pinochet) und dazu etwas über die »FDGO« äußerte – und jetzt hatte also ein neuer leibhaftiger Faschist die Bühne betreten, der aber gegenüber Strauß oder der CSU den Vorteil hatte, daß er sozusagen noch überschaubar war. Es war eben nur der Schönhuber.

Fünf Minuten, nachdem wir das allererste Republikanerplakat unseres Lebens gesehen hatten, hatte Waldo beim »Blintmüller« einen schwarzen Edding geholt und sich ohne zu zögern an die Arbeit gemacht. Als er fertig war, waren wir ehrlich beglückt und stolz. Waldo hatte sich nämlich nicht nur damit begnügt, Hitlerbärtchen etc. in die Physiognomie Schönhubers einzumalen, sondern sein lyrisches Talent vor allem dazu benutzt, den Text mit einer Mischung aus klugen Schwärzungen und subtilen Einfügungen vollkommen umzugestalten.

Wir entwickelten eine wahre Besessenheit mit den Republikaner-Plakaten. Um sie zu befriedigen, holte Waldo Dutzende Eddings vom »Blintmüller«, die er in seiner mit Nicaragua-Stickern geschmückten Umhängetasche durch die Gegend trug. Die Republikaner konnten gar nicht so viele Plakate nachkleben, denn es wurde uns im Laufe des Wahlkampfs zu einer Manie, der wir mit leicht gestörtem Vollständigkeitswahn nachgingen.

Als wir an jenem Freitagnachmittag im Jahre 1987 das Volksfest verließen, wußten wir auf einen Schlag, daß der Wahlkampf in seine Endphase eingetreten war – auf der anderen Seite der Straße, an einer alten Scheune, hatten sie nämlich ein riesiges Schönhuberplakat aufgehängt.

Es war wie eine gezielte persönliche Provokation – auf die Waldo mit dem größten Edding-Stift reagierte, der je gebaut worden war. Er hatte ihn einfach dabei, öffnete ihn mit den Zähnen, grinste, lief dann zwischen den Autos auf die andere Seite der Straße hinüber und begann auf der Stelle, mit dem riesigen Edding an dem riesigen Schönhuberplakat zu arbeiten.

Es war jetzt mehr oder weniger Hauptverkehrszeit, das Volksfest füllte sich überdies zunehmend, und wegen des dichten Verkehrs gelang es mir nicht, Waldo sofort zu folgen. Also sah ich ihm bei seiner selbstvergessenen Arbeit zu, und mit mir taten das fünfzig andere Menschen. Mir wurde zum ersten Mal bewußt, daß wir in Schwierigkeiten wären, wenn man uns erwischen würde. Ich lief voller Panik auf die andere Seite, und dann sahen wir zu, daß wir verschwanden.

Wenn ich an diesen Nachmittag denke, an die sorglose Dreistigkeit unserer Jugend, wenn ich daran denke, wie wir uns all die Jahre danach auf dem Rücken einer demokratischen Ordnung bewegten, die wir gefühlsmäßig verachteten, wie wir uns ernsthaft und unermüdlich mit Direktoren und Lehrern und anderen Repräsentanten unserer staatlichen Verfassung herumstritten, ohne jemals ernsthaft daran gehindert zu werden, dabei unsere eigentlichen Talente zu entfalten, wie wir unabhängig von unserer Herkunft unseren Weg gehen konnten, dann empfinde ich, daß ich großes Glück hatte, in diesem Land aufgewachsen zu sein. Ich würde mich gerne revanchieren. Ich weiß nur noch nicht, wie.

Zuerst veröffentlicht in: »Unser Grundgesetz, Meine Verfassung«, herausgegeben von Karin Hempel-Soos, DuMont Verlag, Köln 2003

Matthias Göritz

Für Wolodja in Moskau

Ich gehe ans Fenster
und werde ein schöner Abend

Was macht man im Himmel?
Wer stirbt ist nicht mehr auf der Welt

Im Himmel essen sie Eiscreme
Und wenn es die Farbe gibt?

Ist die Farbe nur ein geträumter Raum
Ich bin im Bauch von Mama

Gott macht dort Pizza
Wenn ich rauskomm, gibt´s Lärm

Mama schreit
Ich schreit

Die Hölle stell ich mir lieber gar nicht erst vor
Ich bin mir ziemlich sicher, daß es sie gibt

Im Unterschied zu den vielen Dingen
hat das Nichts die Farbe weiß

Meine Mütter kommen vom Affen
Ich kann keine Banane mehr sehn

All das macht Lärm
Und das Fegefeuer ist, glaube ich, wie die chemische Reinigung

Alles was auf der Welt ist, stirbt
Und wenn wir dann weiterleben, zum Beispiel im Himmel
regnet es

aus: Matthias Göritz: »Loops. Gedichte«. Literaturverlag Droschl, Graz 2001.

Drei Fälle aus dem »Mumonkan«

FALL 12: Zuigan ruft sich selbst »Meister«

Fall:

Meister Zuigan pflegte jeden Tag sich selbst zuzurufen: »Meister!« und zu antworten: »Ja!« Dann rief er erneut: »Ganz wach! Ganz wach!« Und antwortete: »Ja! Ja!« – »Laß dich nicht von anderen täuschen, an keinem Tag, zu keiner Zeit!« – »Nein! Nein!«

Mumons Kommentar:

Zugleich Käufer und Verkäufer ist der alte Zuigan. Er hat viele Götter und Teufelspuppen, mit denen er Theater spielt. Was soll's? Paßt auf! Einer ruft. Einer antwortet. Einer bleibt wach. Einer läßt sich vom anderen nicht täuschen. Bleibt ihr aber dort stecken, seid ihr im Irrgarten. Würdet ihr Zuigan nachzuahmen versuchen, hättet ihr nur die Einsicht eines Fuchses.

Vers:

Viele, die den Weg erlernen, erfahren die Wahrheit nicht. Der Grund ist einfach: Nur mit dem unterscheidenden Bewußtsein, das sie schon immer hatten, nehmen sie wahr. Das ist der Ursprung des endlosen Kreislaufs von Leben und Tod. Dummköpfe halten das für das wahre Selbst.

FALL 41: Bodhidharma bringt den Geist zur Ruhe

Fall:

Bodhidharma saß mit dem Gesicht zur Wand gekehrt. Der zweite Patriarch stand im Schnee, schnitt sich den Arm ab und sagte: »Der Geist deines Schülers hat noch keinen Frieden. Ich bitte Euch, Meister, bringt ihn zur Ruhe!« Bodhidharma sagte: »Bring deinen Geist zu mir, und ich will ihn befriedigen!« Der Patriarch sagte: »Ich habe nach dem Geist gesucht, aber ich konnte ihn nicht finden.« Bodhidharma sagte: »So habe ich deinen Geist für dich schon zur Ruhe gebracht.«

Mumons Kommentar:

Hochgemut kam der zahnlose, alte Barbar tausend Meilen übers Meer. Man kann wahrlich sagen, daß er bei Windstille hohe Wellen verursacht hat. Endlich fand sich ein Nachfolger, aber selbst dieser war ein Krüppel, nicht mächtig seiner sechs Sinne. Ha! Die Dummköpfe kennen nicht einmal die vier Schriftzeichen.

Vers:

Vom Westen kommt er und zeigt direkt mit dem Finger darauf. – Aller Ärger kommt von der Übertragung. Jener, der den Klosterfrieden stört, bist eigentlich Du.

FALL 42: Eine Frau kommt aus dem Samadhi

Fall:

Einst, zur Zeit des Welt-Erhabenen, kam Manjusri einmal an den Ort, wo alle Buddhas versammelt waren, und sah, wie sie sich alle wieder zu ihren ursprünglichen Wohnstätten zurückbegaben. Eine junge Frau jedoch blieb allein zurück und saß im Samadhi nahe bei Buddhas Thron. Manjusri fragte Shakyamuni Buddha: »Warum kann diese Frau so nahe bei Buddhas Thron verweilen, während ich das nicht kann?« Der Buddha sagte: »Weck sie doch auf, laß sie herauskommen aus dem Samadhi und frage sie selbst!« Manjusri ging dreimal um die Frau herum, schnalzte einmal mit den Fingern, trug sie zum Brahman-Himmel empor und wandte alle seine übernatürlichen Kräfte an, ohne sie aus der Versenkung herausholen zu können. Da sagte der Welt-Erhabene: »Sogar hundert oder tausend Manjusris könnten diese Frau nicht aus dem Samadhi herausholen. Aber da unten, zwölfhundert Millionen Länder weiter, unzählbar wie die Sandkörner des Ganges, weilt Boddhisattva Mômyô. Der wird sie aus dem Samadhi herausholen können.« Sogleich sprudelte Boddhisattva Mômyô aus der Erde hervor und verneigte sich vor dem Welt-Erhabenen, der ihm den Befehl erteilte. Der Boddhisattva trat vor die Frau und schnalzte einmal mit den Fingern. Auf der Stelle kam die Frau aus dem Samadhi heraus.

Mumons Kommentar:

Der alte Shakya inszeniert Provinztheater auf der Bühne. Aber halberleuchtete Menschen wissen es nicht zu schätzen. Sagt also: Warum kann Manjusri, der Lehrer der sieben Buddhas, die Frau nicht aus dem Samadhi herausholen, während Mômyô, ein Boddhisattva der Anfangsstufe, das fertigbringt? Wer das wirklich klar erfassen mag, der erkennt, daß das geschäftige Leben im illusorischen Bewußtsein nichts anderes als tiefes Samadhi ist.

Vers:

Die Frau aufwecken kann der eine, der andere nicht. Jeder besitzt die eigene Freiheit. Mal eine Göttermaske – mal eine Teufelsfratze. Ein Fehlschlag – und doch eine glanzvolle Aufführung.

aus: KOUN YAMADA, »Die torlose Schranke. Mumonkan«, Kösel Verlag München 1989